U0142995

大學創新教學這樣做

方國定教授 —————— 主編

五南圖書出版公司 印行

校長序

　　雲科大（YunTech）延續過去十年教學卓越計畫，歷年補助金額全國最高的成果，於106年獲教育部教學創新先導計畫全國最高補助，更因教學創新課程規劃、教師專業社群及相關配套整體規劃完善，被教育部擇選為推動「教學創新示範楷模學校」。YunTech學生從大一Freshman Project開始，於校內學習產業知識與技能結構，逐年螺旋成熟。致力於發展問題解決導向課程設計，規劃PBL課程結合各系所實務專題，引入業界或社區真實問題，設計實踐式課程，落實務實致用之人才培育。

　　YunTech建構新型態非典型教育學制，推動「未來學院」，透過「創客空間」、「募課平臺」、「自主學習」、「微學分」、「深化學習課程」、「X+1課程」及「奇點模組課程」等設計，及四重輔導團隊協助學生建立IEP學習計畫，逐步建構學生協力自造式IEP修業地圖，並鼓勵學生朝向國際化開拓視野。

　　YunTech致力發展數位學習，陸續設立虛實整合學習與示範基地、VR沉浸式教材開發實驗室等智慧學習教室，亦完成10門通過教育部認證之磨課師課程與上架40門數位課程至網路虛擬大學。並與臺達電子文教基金會及愛爾達電視臺三方合作，擴大數位課程影響面。鼓勵學生自組創客社群的方式，以跨領域、合作學習體驗四創學習（創意思維、創新設計、創作實踐及微型創業），支持學生自主舉

辦深化做中學或就業職能提升的學習活動。

在創新校園面，YunTech輔導教師將業界問題帶回課程，作為創新設計教案，開設文化創意設計就業等課程，供學生實務學習。並打造校級創新圓夢平臺，透過徵件及成果展方式，加速孵化高潛力創客團隊，持續鼓勵學生創客參與國內外競賽，進而成立校園新創公司，並優化12處校園空間及自造者基地為全方位創意加值基地。未來YunTech以學校與高教深耕計畫挹注的資源執行轉型計畫，期以「YunTech工研院」、「未來學院」與現行院系系統緊密扣連，以「學生學習為中心、以適性揚才為目標、以教育創新為策略，以社會與產業為場域」之YunTech新型態教學培育系統。

YunTech亦透過「教學創新示範學校國際研討會」上百名國內外學者及教師進行具體的經驗交流，同時輔以特色刊物出版、教育研究與衡鑑工具研製、教師培力校際工作坊等，以證明YunTech視創新教學示範學校為己任。為持續推動教學創新，帶動跨區友校相互分享，善盡示範學校職責，YunTech除辦理研討會外，更以開放特色空間展示（虛實整合學習與體驗示範基地），作為大學與高中職場域對接的最佳示範，並將此次研討會成果：集結8間學校、19位發表者等共11篇論文發表出版，留下寶貴紀錄。

YunTech將持續善盡示範學校之責，秉持「教育不應該忽視任何學生的需求，科技大學應該與產業對接，雲科大將結合未來學院的創新體制，以及雲科工研院的創新能量，來完成這樣的使命。」日益精

進並擴大各項教學創新機制與成果展示，以播下未來技職創新教育的
種子，新璀璨臺灣技職教育特色之「YunTech未來大學」，一個國際
上技職教育的典範。

楊能舒

國立雲林科技大學校長

目 錄

第三部分　智慧空間改造成果

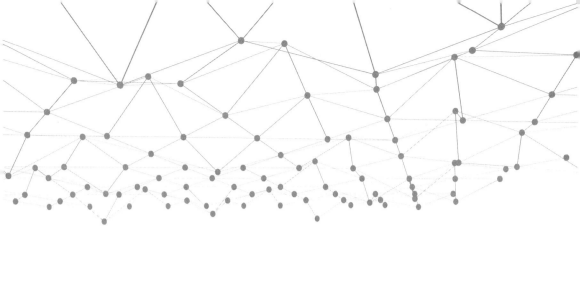

◆ 第一部分

創新教學介紹

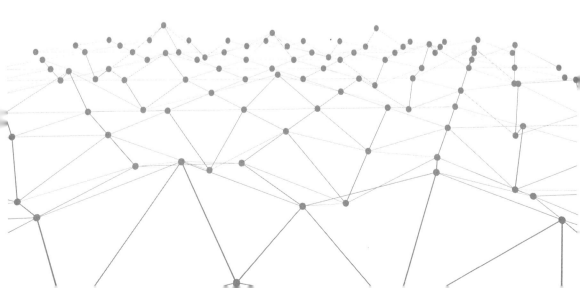

第一章 雲科大教學創新示範學校藍圖

方國定

YunTech邁向2022新型科大，為了強化學生跨領域與創新創業能力，將跨域合作的精神與創新創業的議題融入課程，已於106年開設X+1深碗課程，以實作方式增進學習成效，加強學生自我深化學習，期望達到跨域教學、跨域學習與務實致用的目標，另外也透過慕課平臺及微型課程的部分，使學生能在課餘時間取得微學分。

為因應產業發展未來趨勢，YunTech強調運用新興科技與創新方法解決社會問題，為此開設多門跨領域學程，培養學生多元化的學習經驗，藉此增加國際視野，降低企業培育人才的成本，同時縮短學生畢業後進入職場的調適時間。

以下藉由翻轉教學、創客及適性教育的面向，來分享YunTech致力於創新教學方式所做的改變與未來藍圖。

一 翻轉教學 —— 多元型態課程

1. PBL 中心

　　YunTech為落實學術界先導性與實務性技術研究，必須擁有培育學生專業技能之技術能力，因此，YunTech透過產學研發能量分級、專案家族營運、新型態人力培育、創新創業輔導等機制之建立，並已於107年度投入逾3,147萬經費創立各專業領域PBL中心，落實務實致用，打破院校系所藩籬，與業界結合發展區域內人才之能力需求，開創經濟版圖，以落實科技大學「務實致用」之人才培育目標。

　　在以往的教學型態中，講臺是老師專屬的舞臺，學生在臺下扮演被動接受知識的角色，「Lecture in class, homework at home」這種過去傳統的上課模式，在資訊爆發的洪流中碰上極大的挑戰，老師傳道授業的角色價值面臨被顛覆的挑戰，為解決這個問題，YunTech透過PBL課程轉換老師在過去教學模式中所擔任的角色，不再是單方面灌輸知識，而是透過各種情境或是問題誘發學生思考，培養學生解決問題的能力，107年度YunTech目前共有13位教師、11門課程投入這個新型教學型態的努力。

2. 革新通識課程

　　以培養務實致用產業人才為旨的YunTech，重新發展出一個適用於技職體系的通識教育改革 ——「YunTech通識教育2.0」，YunTech

秉持「學生本位」精神，支援YunTech PBL研究中心及未來學院的教學需求、引導教師提升教學專業及效能，以社會議題或產業議題爲對象，透過PBL實作，將師生帶進社區面對社會議題，來善盡大學的社會責任（USR），以下爲YunTech革新通識課程之實例：

(1) 我車鋼筆我寫字

課程當中帶領學生學習簡易木工，製作一支個人專屬的鋼筆，並學習寫字技巧，透過培養學生中文寫作、美感鑑賞、溝通表達、問題解決及在地關懷等多元核心通識能力，進而運用書寫技巧進行社會觀察與創作。

▲ 圖1.1　我車鋼筆我寫字課程實作與作品

(2) YunTech首創學生磨課師

　　磨課師又稱為大規模開放線上課程，YunTech首創學生磨課師，讓學生運用虛擬平臺打造網路大學，不受限於時間、場地，創造自主學習的優良環境，利用科技分享的強大力量，將課程開放給線上使用者參與，讓知識傳遞無遠弗屆，透過輔助測驗及作業，適當安排學習互動，輕鬆掌握學習者的成效，教學內容涵蓋設計類、資訊類及各種專業領域，提供豐富多元的知識來源，打造數位人才校園，透過網路互相討論學習，讓學生也能夠在網路上的虛擬大學成為講師。

▲ 圖1.2　MOOCs學生磨課師

(3) 產業達人探索與實習

　　產業達人課程依照學生的專長或有興趣的領域，將課程分成兩個階段，第一階段，師生透過環島的方式進行田野調查，並拜訪該產業

之相關達人，同時記錄產業發展及技術發展歷程，了解該產業之沿革與特性，以及技術演進的過程，同時建構產業及達人資料庫；第二階段，回到校園後開始著手整理相關資料，了解產業之技法與技術級數之間的標準，並在課程尾聲以達人誌、紀錄片或是分享會等形式，傳達知識給聆聽者。

　　學生透過實習，在產業界運用自身技術，了解產業界實際運作情況，及各種技術如何跨領域配合提升效率，在課程當中能讓學生發展出更多技術拓展的領域與視野，並累積多元之達人資料庫與人脈存摺，同時了解自身技術如何更加精進，以及如何與其他技術跨領域協同運作。

▲ 圖1.3　產業達人探索課程

二 創客教育 —— 多元創新，邁向國際

1. 創新圓夢計畫

　　YunTech辦學理念除了落實產學合作外，更致力於點燃學生創意創新的理念，為此，YunTech每年三月分皆會辦理師生創新圓夢計畫，鼓勵學生提出創業構想，媒合跨領域創客團隊，組成創客社群，打造校級創新圓夢平臺，並針對優異團隊，持續輔導給與資源，協助學生夢想成真，從2013年至今已培育出191組師生創意團隊。

　　今年將邁入第七屆的「師生創新圓夢計畫」，透過前端媒合、資源提供以及現場媒合，讓計畫不單是簡單的競賽活動，更是YunTech創業一條龍輔導機制的開端，競賽邀請各學院老師、業界創投專家，依作品的市場價值、技術可行性、獨特性，評選出Top10創意團隊，接續參與YunTech璞玉計畫密集培訓團隊，撰寫商業企劃、創業養成教育，並邀請各界專業人士給與回饋意見，而後協助團隊參與校外創業競賽，輔導成立新創公司，以增加就業機會。

　　此外，YunTech首創以「業界創業家＋專任教師＋研究生」的三角模式，設立創業管理碩士學位學程，將創業經驗與經營模式融入課程，持續深耕創新創業的種子。所謂YunTech創業一條龍輔導機制，整理如下圖。

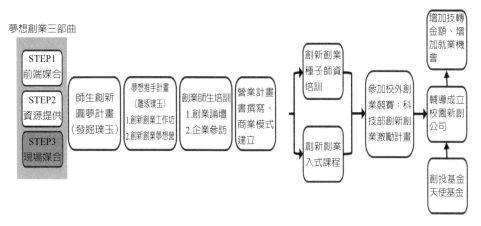

▲ 圖1.4　YunTech創新創業一條龍輔導流程圖

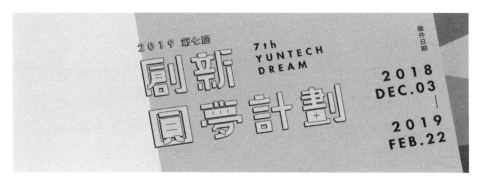

▲ 圖1.5　2019年第7屆創新圓夢計畫

2. 國際移動，飛行校園

　　YunTech在教學模式上落實「學生爲本位」，除了持續推廣全英語課程外，爲因應不同專業領域需求，更開設職場英語以及提供多國語言課程，107年共開設日文、韓文、泰文、德文等53門課程，全校

修課人數高達2,241人（占大學部學生比例35%），並已提供第二外語證照取代英語畢業門檻。

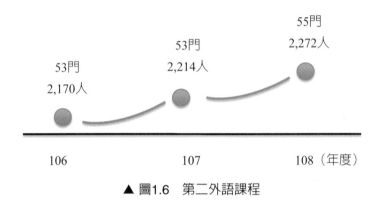

55門
2,272人

53門
2,214人

53門
2,170人

106　　　　　　　107　　　　　　　108（年度）

▲ 圖1.6　第二外語課程

　　另外，為培養學生國際觀及具備跨文化溝通能力，YunTech在107年已與全球299所大學締結姊妹校，其中交換生協約學校達104所，學生移地共學120人，同年總計108名學生以交換生身分遠赴德國、法國等9個國家，相較106年成長11%。

　　YunTech除培養學生具國際移動能力外，更致力於拓展教師國際交流管道，鼓勵教師赴美國、日本、中國、德國、西班牙、泰國、馬來西亞、印尼、葡萄牙、比利時及印度等國家，汲取各國教學特色，107年教師國際交流達1,355人次，相較於過往成長20%。

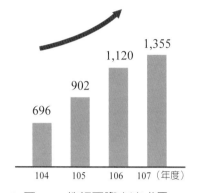

▲ 圖1.7　教師國際交流成長20%

三 專屬學習 —— 適性發展教育

1. 未來學院

　　近年來，多元入學雖然改善了傳統聯考的分數至上主義，但卻造成技優生、體優生、技保生的適應不良，在以單一專業為主軸的大學中找不到自己的定位點，此現象凸顯技職教育存在學用落差。

　　YunTech體認到新世代學生發展的多元性與當前體制的單一性之間的扞挌，因而成立具有高度實驗性的「前瞻學位學程」，擇定已入學的技優保送生為先期校內招生對象，企圖為每位學生量身打造適性適才的專屬學習方案，並增設「產業專案學士學位學程」，以及納入通識教育中心，作為建構「未來學院」之系統組織。

▲ 圖1.8　未來學院組織系統圖

　　YunTech更透過協助學生建立IEP學習計畫，採取專業進階與跨界整合的模組結構，運用「X+1課程」、「微學分」、「募課平臺」、「創客空間」、「深化學習課程」等，量身打造學習計畫，落實適性揚才的教育理念，並鼓勵學生開拓國際視野，及扭轉傳統上下的師生關係，改成「以學生為本位」的協力關係，除了針對每位學生打造專屬學習方案外，透過深化學習課程，鼓勵師生以社會公共議題為專案研究，落實社會關懷，培養跨領域統合能力、增進團隊合作效率、尊重學生的興趣與潛力，成為真正適才適性的教育典範大學。

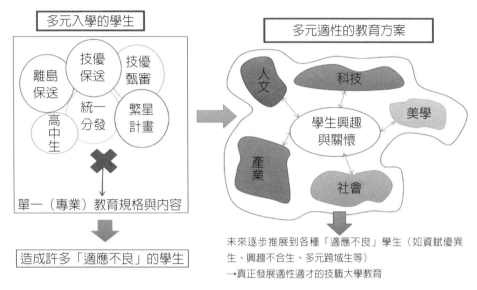

▲ 圖1.9　傳統教育規格與多元適性教育方案差異

四　小結

　　科技大學的教育目標到底為何？是Engineering Education？Engineering Technology Education還是Industrial Technology Education？科技大學的結構已經形成，要撼動並不容易，所以YunTech才會設立未來學院，試圖翻轉現今科技大學既有的結構；在推動這個適性發展教育的未來學院，其實受到蠻多質疑與挑戰，可是不做改變，就不會進步，只要方向正確，就能不斷調整方式。技職系統在過去有很重要的一件事，它扮演自身產業的中堅力量，另外還有一件事是翻轉社會貧窮的途徑，期許YunTech在未來持續在技職系統扮演這樣的角色。

教學架構調整

李傳房

YunTech為能推動各項教學創新，在教師制度、課程制度及系統平臺三方面予以規劃調整，分述如下：

一 教師制度

1. 教師升等評分

YunTech為提升教師參與各項教學創新活動，於104學年度起即透過本校教師升等評鑑細則及各教學單位教學評鑑制度的調整，將各項教學創新列入加分項目，鼓勵教師積極爭取，包括：

(1) 鼓勵教師參加校、內外教學知能研習（如研討會、工作坊、演講等）並取得研習證明；

(2) 鼓勵教師配合校務發展，開設特色或務實致用類別課程，如X+1課程、深碗課程等；

(3) 鼓勵教師開設全英語教學課程；

(4) 鼓勵教師製作課程教材；

(5) 鼓勵教師出版大學以上用書或其他創新改進有具體績效；

(6) 鼓勵教師通過教育部數位學習認證，並公布於教育部遠距教學交流暨認證網之教材或課程；

(7) 鼓勵教師錄製磨課師課程，並通過教育部磨課師（MOOCs）課程錄製。

2. 教師鐘點

為降低教師的教學負擔，依本校授課鐘點計算要點，規定Yun-Tech專任教師的授課與超支鐘點。唯YunTech為鼓勵教師參與開設各項創新課程，於106學年度起針對實作課程（如深碗課程）、英語授課、校務推動專簽課程，每學年得再加發教師超支二鐘點，以鼓勵教師投入各項教學創新課程。

此外，為推動合科共時課程、鼓勵教師跨院系所合作授課，YunTech亦修正本校《授課鐘點計算要點》，將合科共時課程的授課鐘點乘1.5倍，並得加計大班所增加的鐘點數。

◼ 課程制度

1. MOOCs 學分核計試行要點

YunTech為推動線上學習課室討論之翻轉式教學新趨勢，鼓勵教師開設磨課師大規模開放式線上課程（Massive Open Online Courses，簡稱MOOCs）供學生學習，特於105年1月時制定本校MOOCs學分核計試行要點，針對本校MOOCs課程實施方式及學分核計原則予以規範。

　　MOOCs課程的開設程序與網路教學課程相同，開課單位應提報課程名稱、教學計畫與課程申請表，並經系（所）、院、校三級課程委員會議通過，始得開課，並應符合本校「網路教學實施要點」之規定。每1學分至少需錄製9小時的精實數位課程為原則，且需包含多項線上活動及至少1次面授課程。

　　學生應透過本校選課系統進行MOOCs課程選課，並於學習平臺完成修課，其成績應與當學期學業成績合併計算，教師也會依學生成績作業要點送交成績。

2. 推動微學分課程作業要點

　　YunTech為提升學生自主學習、團體合作與學用合一精神，於105年3月制定本校推動微學分應用課程試行要點，並於106年3月正式通過本校推動微學分應用課程作業要點。

　　微學分課程可以演講、參訪、遠距教學、微型MOOCs、實作研習營、工作坊或相關活動等方式進行，開課前均需備妥教學大綱送通識教育中心審議，通過後始可開設，並彙整提校課程委員會備查。

　　微學分課程每2小時的講授以0.1微學分計算，每4小時的實習實作課程以0.1微學分計算，學生修習微學分課程累滿1學分，即可向通

識教育中心申請修習正式課程「自主學習（一）、（二）、（三）、（四）」，最高可採計4學分。通識教育中心另訂定通識教育中心微學分課程：《「自主學習」作業辦法》，並依該規定審核自主學習學分數之計算。

微學分課程的開課可由校內授課單位，依學生多元學習需求提出課程申請，亦可由學生主動募集相同意願的同學，達4人以上向各系（所）提出開課申請。為確認落實自主學習、主動募課之精神，本校通識教育中心另建置募課平臺，讓學生能隨時自主上網募課及尋求相同志趣的學習夥伴。

105學年度第1學期首次開設微學分課程，更有21名同學共同於募課平臺中，提出「跨域實務專題──女性情慾」課程，並順利開課。使學習打破傳統的教室教學，讓走出水泥教室的學習逐步發酵，學生養成主動探索知識，回歸教育本意。

3. 推動深化學習課程試行要點

YunTech為促進學生主動學習與教師有效教學，藉由跨領域合作與深化學習以提升教學成效，於105年4月制定本校推動深化學習課程試行要點，鼓勵教師規劃全新的跨領域創新性課程。

本校深化學習課程需為非專屬單一專業學科領域，是以學生學習成果為導向的整合性課程，需由三位以上不同領域跨院教師共同授課，共同授課教授需全程參與授課。深化學習課程的學分規劃為4至

6學分，至少需安排4小時的實習與實驗時數。105學年度第1學期首次開設「創客：互動－物聯－誌」，結合工程學院與設計學院之教師共同授課，培育學生具備創客精神及跨領域原型實踐經驗，以培育具多元領域能力之人才。本校每學期均有開設深化學習課程，106學年度第2學期則由設計學院、工程學院等多個系所合開「創客 —— 機械之互動驚奇」的深化學習課程。

為落實教學品質的循環機制，本校深化學習課程需全程提供教學觀課，且需配合教學卓越中心舉辦聯合成果展，呈現學生學習成果。

三 跨領域學程系統及選課系統

1. 跨領域學程系統

YunTech為使學生能有增加多元學習的機會，自88學年度起開設跨領域學程；並於92學年度起通過國立雲林科技大學跨院系所學程設置要點，並增訂全校各院自訂跨領域學程承認外系學分數；102學年度起由管理學院率先將大學部選修跨領域學程選修學分最高承認至21學分。

另與教學卓越中心親產業課程結合，挹注業界專家授課、業界參訪、媒合實習等。目前YunTech共有20個跨領域學程，業界專家授課累積人次至少300人、合作廠商至少350間、已核發千張學程修習合

格證明書，並於105學年度建置跨領域學程系統。

　　105學年度第2學期推出奇點模組，以新興趨勢產業創新需求，規劃展現跨科際人才培育的小型跨領域學程，藉由奇點模組規劃，讓學生更能輕易掌握跨領域學習。

2. 募課平臺

　　本校通識教育中心自105學年度第1學期建置募課平臺，改變過往僅有教師單向規劃課程的情況，讓學生自主提出申請想學習的課程內容與授課教師，若有4人對課程表示有興趣參與，將會召集學生至通識中心進行課程共識會議，確定授課內容、授課教師、授課方式等。平臺區分有一般通識課程、微型通識課程、深化學習課程，每一門課程皆需要具有四大特質（問題性／學術性／統合性／成長性）、五大面向（人文／社會／美學／科技／產業），首次上線即開設成功的是1門學生自主募集的一般通識課程，另外微型通識課程有7門。

3. 選課系統

　　本校於106學年度第1學期採用新選課系統，讓選課作業流程更為直覺及順暢。新選課系統結合課程查詢與選課於單一頁面操作，並結合購物車概念，讓學生能立即預覽選課結果。同時配合本校通識課程改革，提供興趣選項課程，志願序選課功能，也為了國際化招生，

更提供英語選課介面，期望透過新系統的導入，讓學生選課作業能方便也能選到合意的課程。為了讓學生能清楚了解各系所課程規劃，亦於新生入學時，由系所辦理新生課程說明會，同時系辦行政人員及導師也會提供適時的選課輔導。

推動教師創新與共學

俞慧芸

　　教育品質的改善，一定會成為學生成長的養分，但摸索調整改變教學方法所需投入的心力，卻也往往讓老師卻步。因此，如何激勵老師更大範圍和更多層面嘗試落實教學創新，並培養學生擁有帶得走的能力，確實是各大學正面對的挑戰。本章內容主要在分享YunTech如何透過學校行政面的協助，強化老師教學知能並投入教學創新與共學；同時，又如何透過社群經營，活絡教師間的互動並創造彼此合作機會。以下分別從教師知能發展、行政團隊支持系統，以及銜接學生創新創業，作為學生暨教學成果展示，來分享YunTech致力教學創造與共學的過程、挫敗與成果。

一 教師最充實的能量——跨領域知能研習

　　以知名歌手江蕙為例，於1984年對成名曲《惜別的海岸》的詮釋和唱法，與2009年初登場演唱會時完全不同，正足以說明即使已擁有粉絲的歌手，其對成名歌曲的詮釋與唱法，仍然需要與時俱進，

才能牢牢抓住視聽大眾的耳朵。相較之下，課室內的學習者通常不是老師的粉絲，學的內容又不如歌曲般容易上手，老師要能抓住學習者的注意力，協助學生有好的學習效果，自然有著更大的挑戰。

歌手對歌曲的詮釋和唱法，正像是老師的教學知能與教學法，再精彩、再有價值的專業知識，若是用錯方法，或是用的是學習者不能吸收理解的說法，自然是要大大減損學習成效。

YunTech在推動教師知能發展面，已辦理多場教師校內培力活動，並持續經營教師社群，近年更增加辦理教師校外研習及經營校級教師社群。同時，為了讓教師在教學創新及社群經營上得到經費的支持，每年辦理兩次校內教學創新之主題徵件，提供老師申請經費的支援服務。YunTech為能吸引工作繁忙的老師們，自願主動參加跨領域的教學知能研習，在活動形式和機制設計，歸納共有四種，詳細介紹如後：

1. 新師興學講堂

自102年起，YunTech定期舉辦新師興學講堂，活動列入Yun-Tech教師升等積分，講座內容係根據教師回饋及問卷分析，確認教師所需知能，規劃一系列講座提供教師參與。此外，更於106學年度開始，每場教師知能研習活動，均由具教育專業背景之博士後研究員，負責與講者溝通研習形式，以充分達到講者與與會老師共學目的。同時，本活動也對外開放，不乏鄰近高中職教師參與，如：竹

山高中、中興高中、大慶商工、大成商工等，105-106年共計31場活動、8位高中職教師、28位大專校院教師、9位機構協會人員參與。

▲ 圖3.1 教師踴躍參與新師興學講堂

▲ 圖3.2 於教育科技空間聽講與討論

2. 教師移地共學

有鑑於教師受限於日常之教學、產業服務和研究工作，不易全心投入教學知能研習，特自106學年度，規劃爲期兩天一夜校外舉辦之研習活動。第一學期之共學工作坊聚焦在教學法的研習；第二學期之工作坊則涵括各種型式、主題的研習，期盼教師不受學校場域干擾，專心投入共學活動。此外，也積極吸引校外教師參與，期盼教師能夠在研習中達到跨域、跨校交流，開創不同合作機會的可能。

▲ 圖3.3　教卓第一屆教師移地研習

3. 教學創新示範學校國際研討會

除了學期中例行的新師興學講堂，以及學期末的移地共學外，YunTech持續辦理教學創新國際研討會。此一教學創新國際研討會，不只提供教學創學研究的交流，同時，加入與學生對談形式、開放

YunTech特色教學空間示範，以作爲刺激各校改善教學空間，及大學與高中職教學場域對接的參考。

▲ 圖3.4　雲科大成果分享展示與教學交流

4. 教師社群經營

　　YunTech以BOT（Build, Operate, Transfer）的方式經營教師社群。亦即，先由YunTech教學卓越中心邀請校內已實際執行教學創新先導計畫，以及切合以學習者爲中心的跨領域教學創新課程，包括：奇點課程模組、合科教學、X+1深碗課程、Freshman Project等之授課教師，辦理活動推動教師相互交流，使之從陌生到熟悉。

　　待展開系統動力後，由教師自行營運，並相互推舉帶領教師，以學年爲單位展開教學共學活動，自主提出可供所有社群教師參與之共學活動，以106學年度爲例，經營教師社群活動，如：讀書會、觀

課、工作坊、講座、參訪、研習、其他（環島職人探索）等多種共學型式，並於活動後一同討論、交流，增長教師自我學習與成長風氣。107學年度更善用彈性薪資制度，來鼓勵老師主持和參與校級教師社群活動。

三 教師最有力的靠山──行政團隊支持系統

1. 將教師所需資源整合

　　YunTech架設新進教師手冊網（http://nt.tex.yuntech.edu.tw/）提供新進教師查詢校內資訊，如教師權利與義務、資源服務、教職員訓練等，幫助新進教師快速掌握YunTech提供給老師的各項支持和資源。

▲ 圖3.5　新進教師手冊網

2. 新進教師的支持活動

(1) Mentor輔導

　　雲科大持續推動Mentor制度，由教卓中心統籌，促進各系進行新進教師配對，據以進行後續的新進教師座談會。107學年度起，更改變以往單次的座談會形式，而是結合校級教師社群，將新進教師與各社群配對，既增加社群互動，更增加新進教師與所有老師跨域合作的機會。

(2) 觀摩優良教師教學

　　YunTech每學期邀請教學傑出及教學優良楷模教師開放教室，並建置教師教學觀課系統，促進教師教學互動。依據YunTech教學觀課實施要點，任教三年內之新進教師，每學期需參與二週次課程觀摩，並於參與觀課前一週完成報名，於參與後二週內至觀課系統中填寫實地觀課回饋，期望落實教學經驗分享，互相增益的目的。

▲ 圖3.6　觀課系統

(3) 課室觀察

　　YunTech善用教育專業與方法，徵求有意願配合課室觀察研究之老師，由受過專業訓練之博士後研究員入班研究觀察。透過教學課堂

的參與觀察與訪談，進行資料收集與分析，以了解學生的學習起點與行為軌跡，期能從中了解師生間的課堂互動，以及教學空間需求，協助教師經由數據洞見，持續改善教學策略。

(4) 教育科技暨空間改造

　　YunTech善用高教深耕計畫（106年前則為教學卓越計畫）經費，參考課室觀察以及各種資料蒐集方法，了解並察覺有效學習的教室空間需求，著手優化學習環境，結合科技，提高人與空間的互動性、便利性，以優化教師的授課效能。105～106年已完成建置1間跨領域學習教室、1間智能應用教室、1間PBL模式跨領域教學空間及2間多功能互動討論教室，例如：藉由課室觀察，發現教師教學經常有計時的需求，因此配合在教室加裝計時器，讓教學活動更有動態性等。又例如讓課室每個討論小組都裝備有無線麥克風，如此貼心小設計，讓學生自然習得課程參與的習慣和可能性。又例如方便移動的桌椅，便利多元教學方式的執行，可以聽課也能小組討論。再例如教室牆面優化為方便書寫的玻璃白板，讓每位學習者的看法被看見，鼓勵高度參與涉入的學習行為等。簡言之，YunTech已累積豐富教室空間改造的專業經驗，並已有可以讓老師實際操作體驗的智慧教室，提供各系所可以依據教師教學需求，規劃改造教室的參考，以改善學習環境。

三 教師用心的結果 —— 學生暨教學成果展示

為加強學生創新創業的前端媒合、資源提供及現場媒合，Yun-Tech每年三月分（第二學期開學初）辦理師生創新圓夢計畫，邀請老師，也鼓勵學生自主參加創新創業比賽，優化創意、鼓勵實踐，並針對比賽表現優異團隊，持續進行主題輔導，提供資源，協助學生創意成真。

YunTech師生創新圓夢競賽活動，不只是一個全校的大型活動，更是創業一條龍輔導機制的一部分，也是YunTech營造創業生態系統的努力。歷年參與的作品和參訪人次，整理呈現如下圖所示。

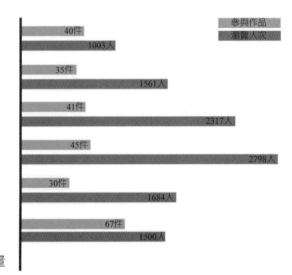

參與作品 / 瀏覽人次

第一屆→搶先追夢
曝光、試驗、展現機會

第二屆→創意無限、夢想成真
交流與激發媒合平臺

第三屆→聚集創造巨星
創新實務及成果商品化

第四屆→誰是創客
銜接高中職攜手合作

第五屆→創遊首途
串連雲林在地創業青年

第六屆→夢的六種方式
釋放大一新鮮人與社會創新能量

▲ 圖3.7　歷屆師生創新圓夢競賽暨展覽成果情形

YunTech「師生創新圓夢計畫」，藉此提供師生展示創新概念及作品之交流平臺，以及媒合各系所同學，組織成創業團隊，從中遴選出具有潛力的概念或創新事業。期望透過跨領域之結合、更多元之合作，讓不論校內教師、學生，校外廠商與中小學教育領域的師生們，從本展覽中發現可發展延伸的概念、商品化之構想或融入課堂中教材，達到跨領域、跨世代、甚至產業連結之結合。

根據聯合國所發布的一項研究報告，「昆蟲」，可能是我們人類未來重要的蛋白質來源，在臺灣，未來食物──食蟲，對大眾來說是很新奇的概念，於2018年參與了雲科大第六屆師生創新圓夢競賽暨作品展──「食態FOODTYPE團隊」，就是雲科大工業設計系的學生，為了想要從設計去改變生態，降低飼養的環境汙染，甚至是改變人類的飲食型態而發想出的創業團隊，經過雲科大創業輔導資源的支援，已成立公司並進駐產學研大樓的微型培育室，致力於未來食品的開創與發展，並以蟲食推廣為主要項目。

雲科大每年舉辦之「創新圓夢競賽暨展覽週」已堂堂邁入第七屆，透過計畫輔導團隊培育創業雛型作品，營造出新創校園風氣有成，參與過創新圓夢競賽之師生團隊，接續參與校外競賽時，超過七成都能得到好成績。這也就是YunTech一直在談的創新創業一條龍輔導協助機制，如下圖所示。

創新課程　　創業雛形　　創業輔導　　新創公司

▲ 圖3.8　YunTech創新創業一條龍

YunTech為更積極打造創業生態系統，自106學年度起，召集有熱情又專精設計思考的老師進行教學和課程改革，開設必修課之興趣選項「文學與創新——創意發想」和「文學與創新——創意實踐」，特地鎖定大一新鮮人但不限於新鮮人修習的設計思考和創意實踐的課程，藉此結合創新圓夢計畫，增設大一新鮮人展區，讓學生在大一即能熟悉創意的展現，107年共27件新鮮人作品，40件一般生作品參與評審。

四 小結

誠實評論YunTech在教學創新的投入與努力，確實是持續升溫並已具有自行運作持續改善的動能。改革，從來都不是容易的，但改變也是勢在必行，無可逃避。面對高等教育產業的嚴峻競爭，YunTech著手各種增進老師教學知能的實驗，並持續完善對老師教學的支持系統，更創造各式各樣的舞臺與機會，讓老師和學習者的優秀被看見。本節所分享YunTech的嘗試、挫折與成果，希望可以對有心改善教學效能的你，有參考價值，並竭誠歡迎你加入YunTech致力落實以學習者為中心的教學努力。

第四章 雲科大通識教育革新

林崇熙

一 大學教育與通識教育的共構問題

當前大學所面臨的挑戰不在於表面現象所見的少子化、高教經費刪減、學用落差等問題，而在於大學停滯於百年前所設定的工業量產式意識型態與制度結構中。工業主義式大學教育複製了工廠的專業分工與生產線式量產方式，將社會所需的系統性知識與技術等，切割歸納為許多專業系所。專業系所教學與工廠量產有著一致的對應，即：招生（進料）、課程流程（工序）、授課（加工製造）、課程及格或二一退學（品管）、畢業與就業（出貨與行銷配送）、穩定生產學生與論文（穩定生產制式產品）。專業系所能培養單一領域的專業人才，卻難以培養跨領域統籌決策的人才；遇到複雜社會問題時，縱然將各種專業人才湊在一起，也難以有效解決，百年來層出不窮的系統性災難都表徵著這般機械論知識體系的困境。

二次大戰後，美國許多大學意識到大學系所專業分化所造成的隔行如隔山，讓跨域溝通及系統整合愈益困難，專業愈益專精，也讓人

的眼界愈益狹隘，因而開始推動通識教育。此通識教育以歐洲博雅教育（liberal arts）傳統為內涵，透過人文社會學術經典或重要人文社會議題來涵養學生，從而是受大學重視的基礎教育。臺灣的大學遲至1980年代中期才引入通識教育，但不是基於博雅教育理念，而是以教育部部定共同必修課（國文、英文、歷史、憲法、體育）為基礎，致使通識教育僅僅做為專業教育的形式補充；同時，專業系所的分工格局依然沒有改變，大學也一直獨尊專業系所。通識教育在這般工業主義式、專業系所分工下，既沒有學術歸屬，也不受校方重視（包括研究、升等、員額、經費、空間、計畫案等），學生不知道為何要修通識課，專業系所抱怨通識學分太多，從而學生只將通識課程當作營養學分，教師則將通識課程當成授課學分不夠時的替代，找不到自己主體性的通識教育，就如此做為一種邊緣而曖昧的存在。

二 雲科大的未來性

近三十年來，全球思潮、科技、產業、貿易、外交等皆快速變化，臺灣社會亦從解嚴後，歷經民主化、產業轉型、政黨輪替、貿易結構改變等，而有著巨大變遷。雲科大誕生及成長於這個風起雲湧的大時代中，不但需要與時俱進，更需前瞻創新。雲科大作為技職體系的高等教育，需要在兩個層次與時俱進地辯證存在的意義、定位與內容，其一是雲科大作為大學的意義，其二是雲科大身為技職體系的要旨。

　　首先，大學教育之旨在於讓人們對所處環境有著最大的掌握度，面對糾葛困惑能進行倫理辯證及開拓胸襟，並能適性適才地發展，從而促進生活幸福與價值實現。因而大學需作為社會的前瞻良心及培養學生成為優秀人才，為此而進行優良的學術研究（圖4.1）。亦即，學術研究及培養人才都是為了解決社會複雜問題，以促進社會幸福良善，而不在於SCI論文或世界排名。為此，大學必須透過抽象化（及去脈絡化）的過程，將多元社會議題帶入校園學術，與人類文明累積的知識、理論、經驗等進行對話、辯證、試驗；進而將所提出的多元解決方案帶入社會（如地方、社區、產業）進行脈絡化實踐。這個抽象化學術研究與脈絡性社會實踐的過程與成果，就是大學教育應有的內容，以鍛鍊學生將來進入社會有著解決問題的素養與能力（圖4.2）。

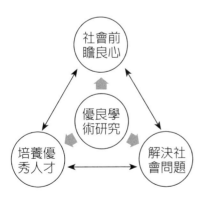

▲ 圖4.1　大學的使命

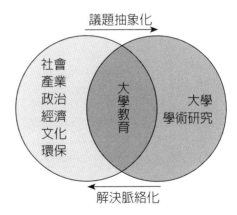

▲ 圖4.2　大學教育的構成

　　其次，雲科大作為技職高等教育，學生大多來自高職而具備特定領域的初階技能。如果在專業系所循著既定方向培養高階技能，固然有助於未來就業，但卻也很容易在職場上被定位為單一領域技術員，而使得職涯發展受限。因此，雲科大需讓學生在既有技術基礎之上，除了讓技術持續高階化之外，進一步以應用性抽象理論（如工程領域的工程力學、流體力學、熱力學等）突破個人脈絡性經驗的侷限；同時，還需在人文觀、社會觀、美學觀、國際觀、想像力、創造力等面向，進行跨域統合式的通識教育，以全面提升思考格局與開展視野（圖4.3），才能達到「從匠到師」的提升。雲科大若能讓學生在抽象理論、技術實務與社會關懷等三面向交互發展，就能培育出帶給社會幸福的優秀人才，雲科大通識教育從而在此發展出自己的主體性與新角色。

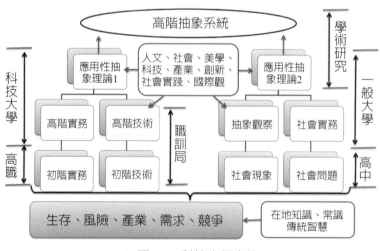

▲ 圖4.3　科技大學定位

三 雲科大重新定位通識教育

　　面對專業分工的既有體制，通識教育要擺脫補充教育的邊緣性，不在於讓通識課程「更有學術承載度」，而是在體察大學教育之旨的前提下，以學生生涯發展所需為度，讓通識教育在大學中開創出新的、另類的大學教育的可能性。

　　過往（補充式）通識教育通常讓工程學生修習一兩門人文、社會、藝術課程，彷彿學生就會有人文素養、社會關懷或藝術涵養。若如此會有效，臺灣社會就不會充斥著工程帶來的環境破壞與社會衝擊了。雲科大通識教育要跳脫補充式教育的窠臼，就需將人文、社會、美學、科技、產業等五個思考向度融入每一門通識課程，以協助學生提升未來專業發展所需的高度、深度與廣度。

　　以工程學院的營建或環境安全領域的學生為例，學生將來就業除了需要紮實的專業知識（與證照）外，還經常面對營造工程或環保問題相關的黑道、圍標、關說、地方派系、政治施壓、利益糾葛、官商勾結、國家標準寬鬆、稽查人力不足、竄改自動偵測系統程式等種種實質影響專業與產業的因素（圖4.4）。因此，當工程系所繼續謹守工程學院的學術典範（範圍）去生產SCI論文時，學生職涯會遇到的上述政治、倫理、社會、文化、管理、美感品味等重要問題，就是通識教育需要提供的「專業通識」，以培養學生寬廣視野與格局來面對職涯挑戰。每一門通識課程都要能引導學生從「人文」（環保理念、

社會價值辯證）、「社會」（探討社會權力結構、了解地方派系、促進民眾參與、連結潛在盟友）、「美學」（環境美學、藝術的社會運動力量）、「科技」（適當技術、在地知識）、「產業」（黑道產業、綠色產業、環保產業、風險產業、適當產業）等五個面向來探討學生未來職涯問題，若能以社區營造精神進入社區或環境場域進行社會實踐，則更能貼近真實的生活。

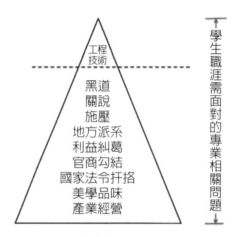

▲ 圖4.4　單一專業處理複雜社會問題難以成功

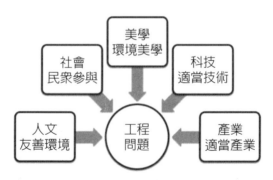

▲ 圖4.5　通識教育以跨域社群方式解決問題

　　再以機械爲例來探討「專業通識」如何深化學生的職涯思考。機械與社會（與產業）直接或間接相關毋庸置疑。但是，機械與社會「如何」相關卻是需要商榷。工程學院只處理機械專業知識，因此，機械與社會相關的「專業通識」就由通識教育來提供：

　　第一個命題是「爲何使用機械？」：機械是許多元件組成的機構，可以幫助人們省力，或將能量進行轉換。因此，使用機械看起來「理所當然」是好事。可是，可以騎車省時省力，爲何有人要走路（還走八天七夜呢）？用電腦繪圖很精確，爲何有人要手繪？用自動化生產多有效率，爲何有人堅持手工技藝？

　　第二個命題是「誰掌握機械？」：機械是一種力量，掌握機械意味著能力的增加。因此，當資本家掌握機械時，勞工相對地是劣勢。科技史上有個案例，資本家不耐工會要求，買了一批機械來取代勞工，這批機械的生產效能不佳，還常壞掉，可謂賠錢貨；但是，這個資本家爲了讓工會屈服，無論如何堅持要用這批機械。此時，機械成爲階級鬥爭的工具。

　　第三個命題是「使用何種機械？」：二次大戰後，日本勢力退出臺灣，美國勢力進入臺灣，透過美援及農復會，美式農業機械開始出現在臺灣農田上。然而，一段時間後，農田上的農業機械悄悄地又換回日本農機。美國農機適用於大面積粗放農場，但臺灣農田經常是小塊而精耕細作，正是日本農機擅長之處，機械用錯地方，就會是災難。

　　第四個命題是「機械決定生活方式」：生活方式決定空間紋理改造。二次大戰後，美國勢力（包括政治、軍事、經濟、宗教、飲食、衣著、交通、工程、⋯⋯）全面進入臺灣。以交通來看，美式交通（即以私人轎車為主軸的交通）一方面壓抑了大眾交通工具的發展，二方面強化了汽車需求（尤其將汽車作為一種社會階級象徵），三方面以汽車所需的柏油路開始四通八達地攻占全臺灣的地面。完全不顧臺灣地狹人稠究竟需要何種適當的交通工具（及相應的生活方式），缺乏在地性的汽車，就會是災難。

　　雲科大學生如果沒有上述專業相關的社會人文思維，就會讓自己未來做為專業人士成為「單向度的人」（one-dimension man），從而不知不覺地使自己（及專業）淪為階級工具，或者生產不適當的產品而帶給社會許多困擾。雲科大認為通識教育培養學生價值辯證、社會關懷、產業視野、美感品味等素養與能力，將有助於學生專業能力的提升（圖4.6）。基於前述大學之旨，及上述對學生未來職涯發展所需的考量，雲科大通識教育以「公民通識」為基底來發展「專業通識」，以「社會實踐」讓雲科大師生將專業帶入社會真實場域，從而重新關聯了通識教育與專業教育以共構來協助學生未來職涯發展（圖4.7）。

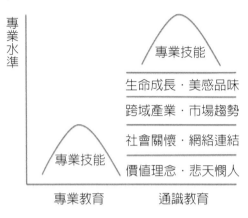

▲ 圖4.6　通識教育能提升學生專業水準

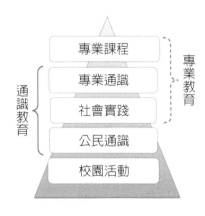

▲ 圖4.7　通識教育與專業教育共構協助學生成長

四　雲科大通識教育革新內容

　　雲科大以「專業通識」、「社會實踐」及「公民通識」來架構通識教育革新，除了希望有助於學生未來職涯發展，也鼓勵教師以通識課程為平臺，發展跨領域嘗試，以促進學術突破。具體革新內容如下：

1. 廢除原本通識課程分類（即社會法治、科學技術、人文藝術等分類）選修

　　解除學生被迫分類選課的扞挌，改讓每一門通識課程都具備「人文」、「社會」、「美學」、「科技」、「產業」等五個面向，使

學生不管修習哪一門課程，都能自然地涵養於這五個面向的跨域統合思考中，去面對真實的複雜社會問題。再者，五面向統合課程能使學生了解，未來在職涯中，要促進「產業」發展，就需觀照或解決「人文」、「社會」、「美學」、「科技」等四個面向議題（圖4.8）。

人文：哲學、信仰、道德、價值、認同、生命成長
社會：組織、法治、權力、社會運作、社會關係
美學：藝術、美感、品味
科技：科學、適當技術、傳統智慧、在地知識
產業：產業樣態、商業模式、社會創新、產業競爭力

▲ 圖4.8 以五面向跨域統合通識課程來涵養學生多元素養

2. 課程特質

每一門課都需具備問題性、學術性、統合性、成長性等特質。

(1) 問題性：發現問題、解決問題。每一門課的每週課題都需要清楚地表述探討什麼跨域複雜問題，及如何解決問題。

(2) 學術性：理論啟發、社會實踐。面對需要解決的跨域複雜問題，課程需要表述使用什麼理論來作為思考參照、閱讀哪些典籍，及進行何種實作或實踐行動。

(3) 統合性：跨域統整、開拓格局。面對跨域複雜問題需有橫跨人文／社會／美學／科技／產業的思考架構，場域可跨越學

術、社區、NGO、產業、企劃、活動、社會實踐等，知識則跨越工程／管理／設計／人文等學院範圍，並能統整各種力量來解決複雜問題。

(4) 成長性：探索自我、生命成長。透過解決跨域複雜問題的多方嘗試，讓學生得以探索生命的無限可能性；透過探索、思辨與實踐過程，讓學生的生命得以成長。

3. 減少校定必修學分，增加通識學分

過往校定必修共同科目高達22學分，通識則為8學分。現今將校定必修科目精簡為中文、英文、哲學、體育等16學分，通識則擴增為14學分，如此將能使通識教育有著更大的發展彈性，來做為全校課程改革的儲備場域（buffer）。

4. 從 0.1 ～ 6 學分的大跨距彈性

(1) 基於面對社會問題的複雜性及跨領域統合的需要，將通識課程從原本的一門2學分的制式規定，開放到最高一門6學分。

(2) 由於許多學生的成長過程依循制式制度、課程、教科書、與考試，少有探索自我生命與興趣的機會，到了大四還不確定自己的未來走向；因此，通識教育中心以「微學分」課程鼓勵學生自主學習，讓學生以自選的0.1～0.3學分（即2小時～6小時）課程進行最高40次機會的自主探索、自我培力、生

命壯遊等（亦即學生最多可有4學分的「自主學習」）。

(3) 鼓勵教師將專業系所課程中，某堂特殊值得分享給全校學生的教學（例如大師講座），以「微學分」方式開放給全校學生來參與。

5. 開辦「募課平臺」

(1) 雖然雲科大通識學分從8學分提高到14學分後，每學期開設的通識課程數量倍增，但是，還是有可能學生都沒有興趣。因此，通識教育中心以「募課平臺」讓學生可以自主提課，只要有10位學生在此平臺連署對提案課程有興趣，通識教育中心就在符合通識課程原則下，協助學生開課（包括找老師、空間、設備等）。如此，將可解除學生只能在有限課程中（被迫）選擇的侷限。

(2) 自主募課成功的課程可以在學期中或寒暑假隨時開課，不受學期18週的限制。學分則計入下一學期的學分中。

6. 教務創新試點

雲科大通識教育不僅在於提供通識課程，更成為全校各系所嘗試突破的試點場域：

(1) 創意生活設計研究所老師透過「微學分」課程，讓雲科大通

識教育中心成爲全國第一個開設研究所課程的通識教育中心。

(2) 技術及職業教育研究所老師透過「募課平臺」，讓雲科大通識教育中心成爲全國第一個開設博士班課程的通識教育中心。

(3) 學校嘗試從大一開始進行專題研究，即從通識課程開辦 Freshman Project，後續將再嘗試大二到大四Project。

(4) 學校因應資訊社會的來臨，規劃將資訊素養列爲必修，則先從通識課程開辦一系列的Data science課程來進行籌備。

(5) 基於許多技職學生的學科基礎有待加強，由通識教育中心開設許多基礎先修課程（並配合數位平臺），如工程學院微積分、線性代數、物理、管理學院經濟學、設計學院色彩學、人文學院中文、英文等。

7. 鼓勵跨域實作

雖然雲科大各系皆有專題實作課程，但學生、議題、知識等大多框限在自己科系專業領域中，爲鼓勵學生面對跨領域的專業相關社會議題，通識教育中心鼓勵師生投入跨域實務專題課程，包括跨院系學生的畢業專題、大型競賽專題、PBL專題、USR專題等，通識教育中心則協助學生取得跨域實作專題所需的設備、材料、空間等。

8. 產業主軸課程之為專業通識

　　基於協助學生整備未來職涯所需的素養、能力與眼界，因而雲科大通識教育中心開設各種「專業通識」課程，例如：

(1) 設計領域學生所需的「工程概論」、「設計溝通」課程；管理領域學生所需之「設計概論」、「科技與社會」課程；工程領域學生所需之「工業管理」、「工業設計」、「技術哲學」、「工程美學」、「適當技術」、「技術政治」等課程。

(2) 配合體育課程，以微學分開設「運動衣」、「運動鞋」、「運動健康」、「賽事」、「運動產業經營」等知識與產業面向課程。

(3) 產業作為一種議題：例如臺灣是太陽能板的外銷大國，但臺灣家戶的太陽能板裝置率卻相當低，就牽涉到電力產業的複雜因素。另外，「有機生活」課程也宜帶入產業議題，方能讓學生了解為何眾人皆曰有機生活很重要，但卻經常受阻於有機產品價格高昂。

(4) 產業作為一種場域：例如「孫子兵法」課程將古今中外各種產業發展或商場競爭，作為講解孫子兵法的案例。「產業發展史」則是直接將產業當成歷史場域，討論人文、社會、美學、科技、產業等五個面向的密切相互關係。「臺灣廟宇文

化」課程或「日本文化」課程等，都可介紹宗教產業作為相
關文化社會發展的重要場域。

(5) XX議題開發出新產業：例如「全球變遷」不僅談論氣候或
環境變遷議題，更引發許多奉「節能減碳」之名的新產業。
又例如「健康管理」課程，不僅談個人健康生活，也可相當
程度地討論健康產業或奉「健康」之名的產業（包括健康食
品、運動產業、健檢產業、瘦身產業等）如何地蓬勃發展。

(6) XX提升產業：例如美學提升了蘋果電腦系列科技產品的水
準。「生態與保育」課程可討論歐盟基於生態環保理念，制
定了一系列產品法規，從而提升了歐洲產業（也將輸入歐洲
的產品一併提升水準）。

(7) 產業作為一種跨域發展機會：例如音樂、視覺藝術、表演藝
術等課程，若能帶入藝術產業議題，將有可能鼓勵學生跨領
域結合科技、管理、藝術，而走向藝術行政、舞臺設計、藝
術經紀、藝術拍賣等產業領域。

9. 鼓勵開設「微學程」

(1) 「微學程」的重點在於提供學生進階探索之意，亦即通識課
程不限於一門課，而可視學生興趣，開設同一領域2～3門的
進階課程。

(2) 鼓勵全校教師具有相類似專長或興趣者，以特定主題來規劃

3～4門課的微學程。

(3) 鼓勵組合微學程的教師們組成教師社群,進行教學研習或研究合作。

10. 開辦讓學生適性適才發展的學程

(1) 雲科大通識教育中心透過教育部「未來大學計畫」開設「前瞻學士學位學程」,讓對各系適應不良的學生得以在此獲得個別化教學方案來適性適才發展;也讓雲科大通識教育中心成為全國第一個可招收學生並授予學位的通識教育中心。

(2) 此學位學程可授予工程、管理、人文、設計等四種學位,透過將必修課壓到最低來給學生最大的(校內外)選課自由,並可在實習、實作、創客、競賽、實驗室、職訓中心、產業界、社區等場域中學習成長。

(3) 學程教師的角色是「教練」,協助學生透過「人文、社會、美學、科技、產業」五個面向來發展自己的興趣與才能,不斷地鍛鍊跨域團隊合作解決問題,並適時地與產業界密切互動。可以說,此學程應是第一個以通識教育精神來經營的學系。

(4) 從107年2月1日起,此學程擴大規模與格局,奉核成立了未來學院,亦即雲科大通識教育中心以校園內部創業的精神,開辦前瞻學士學位學程,繼而創設了未來學院。

11. 善盡大學社會責任：通識教育中心定期辦理許多重大社會議題相關的社會關懷活動

(1) 針對在地有機小農的「雲旭農學市集」。

(2) 針對社會議題的哲學論辯的「哲學星期五」及「哲學非星期五」。

(3) 關心雲林在地問題的「今夜趣政治＠雲林」系列講座。

(4) 為提升新住民社會地位，邀請新住民來談母國文化的系列講座。

(5) 通識教師透過教育部USR計畫協助古坑鄉桂林社區推動地方創生。

五　未來展望

　　電影《天地明察》描述17世紀日本曆算家澀川春海一生致力於改曆的故事。當時權力保守派堅持用已經不準的舊曆，打壓新曆，在改曆受挫之際，澀川以不成功就切腹的氣魄，力爭藩主支持而說：「太平盛世裡，最可怕的事是消滅新氣象。」從這句話，我們可以引申出「在時代變革中，最可怕的事是沒有新氣象。」

　　臺灣當前無疑是處於大時代變動中，政治、產業、社會、文化等莫不正在變動，或者，應該需要變動。大法官釋字第748號解釋，呼應了時代趨勢而做出價值新判斷。相對的，不知道需要變革的政黨，

就會輸掉政權；不知道需要變革的產業，就會悄悄關門；不知道需要變革的國民年金，就會註定破產；大學與通識教育等都需不斷地回應社會情勢而變革，否則就是淘汰。

　　上述雲科大通識教育革新是基於「大學要有能力面對複雜社會問題」、「尊重每位學生的獨特生命」，及「協助學生進行協力自造式成長」等理念，進行全盤的通識教育改革。通識課程希望以學生為核心，重新點燃學生熱情，協助學生打造獨特的生命舞臺，進行協力自造式跨領域解決問題的人才培育。此時，師生關係需從權力關係轉變為夥伴關係，老師也需放棄「老師認為學生應該學到什麼知識」，改為「如何協助學生培養關鍵能力」。改革無法一夕翻轉，許多抗拒也是必然，但是，不改革的話，通識教育就不會有未來，大學也不會有新氣象。改革之路，正邁步向前。

第五章

智慧教育與空間改造

胡詠翔

一　從生命如何影響生命談起

　　教育，被解讀為是生命影響生命的歷程。這個歷程又通常是人與人之間溝通、交流的各種組合。在教學現場，我們又將這種組合，稱之為是教學方法或教學策略。對教學方法或教學策略的事前準備，又通常可以由經驗的累積，或是教學演練，甚或是撰寫教學計畫來完成。

　　學生的認知歷程，通常被教育行為主義心理學家視為是一種看不見的「黑箱（black box）」。言下之意，當教育被發生，有一個生命（此指教師）嘗試要影響另一個（或一群）生命（泛指學生）的時候，行為主義心理學家會告訴我們，外部刺激進入大腦內部的加工過程，是不可探索的黑箱。所以，許多教師會在教學的時候，設計很多的外在誘因或激勵因素，例如詳實的課程大綱評量標準等（好比：出席必點名，點名就有分），嘗試拉近師生生命影響生命的強度，嘗試在黑箱中點亮一盞小燈。然而，教學嘗試從外在進入學習內在的結

果，反而讓教學現場出現一些有趣的現象。最常見的例子，就是學生到課出席卻心不在焉。或是，學生坐在臺下看著講臺上的老師卻個個石碑臉。這樣的一種循環，無意間使得教師「被制約」，而且不願與教室的學生有太多的互動，然後所謂的三板老師（目光只在天花板、地板和黑白板三處巡弋）就在教學現場被形塑出來。結果使得大學校園的教學活力與能量，經常隨著教師群教學年資的累積，呈現反比。

您現在正在閱讀的這個章節，是從學校行政角度，站在教學卓越中心教師發展組的立場，觀察教學現場、確立問題意識以及資源投入改變的系統思考，嘗試重新耙梳YunTech這間科技大學，如何能夠避開前述的迴圈，一躍成為教育部指定全國教學創新示範學校的全貌。

這一章，我們從智慧教育與空間改造的層面，嘗試與讀者心中的疑問對話：

• 教育，難道不該是生命有效影響生命的歷程嗎？

• 從行政來看，我們如何以智慧教育和空間改造，持續支持教師有效地推展產業人才培育的工作？這是大學推動教學發展的大智慧。

由於每間學校的特色不同，也不是每一位讀者都是從事學校行政或教育行政工作，因此這個章節，我們嘗試從美國史丹佛大學設計思考（design thinking）解決問題的思維模式，以同理心（empathy）先耙梳教學現場教師的觀點與疑問，再介紹YunTech解決這個問題的作法。簡單來說，本章節不單純僅宣揚某間大學的豐功偉業（創新教

學的成果），筆者反而刻意花點篇幅談更多的「教學創新的根本問題」，讓我們回到初衷，一窺教師發展組如何定義教學現場待解決命題的過程（創新教學的問題意識）。本章節期待能給同是戮力投身臺灣高等教育產業的夥伴先進，一些促發、一種共鳴和努力方向。

▇ 原來都是嫦娥惹的禍——教室空間改造篇

　　各大學的教學發展中心，多半以推動教師的教學知能研習，並為學生提供學習資源為主要業務。正如世界上所有知名的大學一樣，大學教師多半不具有教學訓練或教學技術的培訓，畢竟教育也是廣大學門中的另一個專業。過去一個普遍的說法是，大學作為知識的象牙塔，我們窮盡追求浩瀚宇宙和這世界未知邊際的各種知識，無論使用歸納或演繹、實驗或假設，大學不如國民教育僅強調知識的傳授而已，更必須負起科學技術發展、社會文明進步、國家民族永續等責任。因此，在大學的教學現場，應該不是只談有效的傳遞人類智慧，更該創造與探索並成就人類智慧。的確，在人類歷史文明的進程中，所謂大學的教育不論中外，皆有過師生共同思辨、探索歷史、辯證是非的輝煌歲月。

　　從人類發展心理學的角度來看，人的幼稚期幾乎是地表上所有生物中，最長的物種，所以文明社會的教育體系通常很長，甚至出現動物不會存在的終生教育系統（Lifelong education）。為了有效地傳

遞基礎知識，早日達到創造智慧，甚至只是單純想要把自己的國民更早比他國送上月球，或能夠看得懂武器，或操作工業革命後大型機臺說明書的目標，慢慢地讓大學當年在自然也不過的師生互動（或生命影響生命）過程，一點一滴發生轉變。在必須更科學、更有效率追求培育量體大、時間效率快的結果，使得大學教室空間的安排，無論從可容納的座位數來看，還是觀察教師與學生在教室的行為來看，都與高中職和中小學階段無異。讓我們在這邊先停一下，請跟著我一起回想您的教學現場，也有曾經出現過以下的幾種情形？

- 學生的課座椅是一體成型，甚至被固定在教室地板上。
- 黑（白）板前有投影螢幕，位子在中間，只要使用就必須占掉四分之三的可寫面積。
- 為了確保學生下課後會認真唸書，我經常安排小考或出作業，並交付助教批閱登記成績。
- 為了避免學生上課使用手機、遲到或不發言，我發明了一些班規，連我自己都覺得很了不起。

YunTech我們這樣做 ── 導入研究型的教學空間觀察

YunTech推動教學現場創新，首先有一個很重要的命題。那就是我們認為師生在教室內的互動行為，實際上受到空間很大的制約。這包含許多不同互動層面的探討可能，像是我們就非常關心在

教室內不同群體之間，究竟是如何互動並彼此影響的，特別是：學生和學生間、學生與老師間、個別學生與空間（含教學設備）、老師與空間（含教學設備）。沒錯，YunTech認為教室的設計，其實正時時刻刻影響著前面這些群體間的互動，甚至許多時候反而造成的是一種課室內教與學行為的相互妥協。然後，不得不就養成了習慣。更直接地說，如果教室空間設計在師生開學踏入教室的第一天起，就持續地對教師與學生不停的發出「這不是一個適合跨領域學習空間」的暗示，難道不會大大降低教師採用合作學習的機會，或使得學生分組學習體驗打折扣的可能嗎？為了徹底了解教學現場中，師生究竟出現多少不自覺、被制約或被妥協的隱性教與學需求，YunTech將過去學校投入資本門與業務費支持教學空間改造的SOP流程，做了一些變化。

第一步，空間需求盤點，組織教學空間觀察團隊

　　首先，我們透過需求盤點，將教學單位排程內或有意改善的空間進行記錄。然後，有別於以往授權教學單位直接設計規劃發包。教學卓越中心組織了一個研究型的教學空間觀察團隊，系統性的進入教學現場，觀察前述各群體在待改善空間中，究竟如何互動。特別是我們會觀察並蒐羅那些師生在教室內不經意的教學行為。這個舉動主要的目的，是在描繪待改善教室空間課堂的使用者情境。透過觀察同一間教室不同教師與課程所獲得的資訊，教師發展組嘗試

找到現場使用者實際需求的問題，並且經由工作小組會議討論後，納入教室設計的待改善事項。那些人是教學空間觀察團隊的成員？包含：負責學生成效追蹤與預警輔導的同仁（觀察學生）、具教育背景的同仁（觀察教師）、校外委員群（負責紙本資料審視意見提供外部建議）。

第二步，空間雛型設計必須解決師生需求，而非採購便利

接著，才開始進入到教學空間雛型設計的環節。值得一提，設計圖面的繪製是基於現場需求，而不是系所行政人員採購的方面。YunTech認為這是很重要的轉變！忙碌的大學教師，不一定有機會參與教學空間改造，甚至是教育科技的引入。更別提學生為主的心聲，可能更沒有機會發聲。如果只是從行政走完政府採購網的訂購流程，或是聽從廠商業務推薦採購的新鮮貨，就便宜行事進行教學空間改造。這也難怪你會疑惑，為什麼投影機的螢幕要架在黑板的正中央，讓身為教師的您每次忍不住要寫黑板時，都只能寫兩側（這其實很為難，總是有一邊的學生會被遮住），甚至讓您乾脆放棄提筆的念頭。或是，讓重要公式的推導改成PPT簡報動畫呈現。殊不知，在我們訪問學生的結果後發現，許多同學在上數理或需要運算操作的課堂時，會很懷念教師提筆演示的過程。但實在無奈的是，通常決定採購投影機或超大螢幕的人，通常也是系所中唯一不負責教學的系辦行政助理同仁。

第三步，提高教室功能性而非看起來嶄新的教室

　　前面空間的雛型，在教師空間改造的會議裡，我們會將實際描繪現場使用情境問題與雛型設計，並陳進行討論。同時，也再次邀請教學單位或師生代表，進到會議裡談論教室改造的方案，進行發包作業前的微調。這一個動作的目的，是確保空間所有單位與實際使用的師生，都能建立共同的空間願景。確保共同的空間願景很重要，原因在於我們不再讓教室看起來很新而已。反而更重要的是教室裡頭的硬體是否能滿足實際上教師與學生的需要。

　　以下，是幾個完成的教室改造實例，雖變動幅度不大，但符合現場教學需要：

▲ 圖5.1　保留分組討論需要的空間案例

▲ 圖5.2　去中心化的教室與大面積黑板牆面

▲ 圖5.3　六六討論法教室

三　大學觀課正流行！你看門道還是熱鬧？

過去，大學很少做一件事情——觀課。觀課，有點像是中小學的教學觀摩。教學觀摩，因爲會讓非任課教師進到教室觀摩課程的進行，也有人稱之爲「開放教室」。在多數的大學，開放教室是一件從未有過的事件。至少，在絕大多數大學老師過去自己上大學的學習經

驗裡，根本沒有的經歷。所以，大學要推動觀課，通常抗拒的聲音通常不小。這是所有學校或組織嘗試要推動，都會面臨的阻力。緊接著，能被點出更具體的問題一些問題是：誰該被觀課？誰該去觀課？要觀課多久？觀完課，老師也要寫心得報告？被觀課的老師，也要寫被觀課報告？

　　在讀者看到這本書的時候，我猜想觀課可能已經是各校教學發展中心或教務處業務的一種常態。誰需要觀課？新進教師。要不要寫報告？當然要寫報告當作成效。誰來開放觀課教室？優良或傑出教師。要觀課多久？沒有道理部分時段開放。如果這也是您學校的常態，那接下來我們就可以聊一聊，以下這些可能比較少人會問的問題：

- 每次收回報告後，觀課報告去了哪裡？誰在看？
- 只有新進教師，需要觀課嗎？
- 只有優良或傑出教師（因為教學年資較淺，通常不會是新進教師），能夠開放教室嗎？
- 如果進到博物館欣賞藝術是一種美學素養。那準備觀課的教師，進到別人的教室前，是否也需要觀課培訓呢？

大學觀課（或開放教室），您也有遇過以下的幾種情形？

- 我每次在觀課後，都繳出繳交字數要求的報告。

- 教務處請我開放教室，但是幾乎都沒人會來。

- 我去觀摩他人的教學，很少連續幾週觀課同一班級。

- 我進教室時，會跟觀課教師打招呼，然後觀課結束後就再也沒聯繫。

- 說真的，我不知道我在看什麼。因為臺上分享教師的課程內容，並不是我的專長領域。

- 為了避免課程進行，我會很有禮貌的跟任課教師打招呼後，就靜悄悄的走進教室的最後面（但那通常已經坐滿學生，好心的同學或助教另外幫我搬了桌椅），班上沒有其他同學知道我是誰。

- 在觀課時，任課教師會先簡單向我解釋本週預定的課程內容，還有學生普遍的學習狀況。可能嚷嚷著，如果你早幾週來或晚幾週來，有某個特色活動還不錯（通常是：邀請校外重量級大師來分享，或學生報告、分組或實作的課程），但是這週就比較一般教學。

大學觀課正流行，您是看門道還是跟熱鬧？

┌─ **YunTech我們這樣做 ── BOT校級教師社群** ──────
│　　讓我們回顧觀課（或開放教室）最主要的目的，其實是希望教
│學專業傳承。特別是針對一些隱晦、不容易口語描述的教學現場知

識或經驗行為。然而，教學觀摩後的教學討論或驗證應用的持續交流，反而才是觀課後最主要的價值，更能避免出現前面一些將觀課當成單點活動辦理，而可能衍生的奇異現象。

　　但是如何讓觀課後的感動延續，並真正影響不同的教學現場，達到教學經驗移轉或教學現場知識移轉的目的。YunTech則規劃BOT式的校級教師社群，在搭配既有的觀課活動機制內，將有志投入特定教學法教師或新進教師皆能籌組起來。

　　過去，教師社群這個名詞，是從約十年前獎勵大學教學卓越計畫開始推動，YunTech過去亦有許多成功的社群活動。然而，長久的社群經營，往往容易碰到成員組成板塊移動困難、新進教師成員不易加入等問題。這樣的問題，卻是學校負責教師發展的行政團隊，亟欲解決的現象。但透過觀課或開放教室的過程，卻不易讓老師們後續持續進行討論及教學研究。如何在觀課活動的既有基礎上，持續打造友善的教學研究合作機制，同時兼顧世代教師薪傳，我們便提出了一種BOT式的校級教師社群。所謂的校級教師社群，意指這些社群的主題由負責教學發展的教學卓越中心指定，並邀請校內具指標性教學研究教師主持。唯獨和過去不一樣的是，這樣的校級教師社群更多有行政單位的支持。而BOT的三個階段，正巧說明了這個特色——組織、營運與移轉。以下分別從組織、營運與移轉三個階段，分別簡述YunTech如何讓老師從觀課看熱鬧，

有機會深入相互切磋看門道。

階段一：組織

一開始的組織階段，找到專業帶領人很重要，這部分主要由教學卓越中心負責，並依據學校創新教學發展需要進行推薦，最後由校長聘任之。在這個階段的社群成員，由專業帶領人負責招募，並開始社群活動。

階段二：營運

待專業帶領人招募基本成員後（通常是顯性在校內已經投入或展現意願的教師），社群活動由教學卓越中心教師發展組與校級社群專業帶領人，共同營運。主要的精神在於降低校級社群專業帶領人的行政負擔，同時提供更好的跨領域教師共學場域，支持社群對外開放。

值得一提，對外開放的意義在於：可以協助社群帶領人將隱性具有共同教學創新目標的教師，陸續網羅參加社群活動。特別是降低新進教師的進入門檻。核心的價值就是要促成校內有共同目標教師的合作交流。這部分的成功要件，其中之一是學校必須有一個校級或公共可跨領域的教師共學場域。在YunTech的校級跨領域教師共學空間EZ-Plus，教師不需要借用教室鑰匙，隨時能自由進出。

▲ 圖5.4　EZ-Plus

　　有別於傳統研習空間多為視聽教室桌椅的陳列型態，EZ-Plus
裡的桌椅不一樣，而且刻意設計大面積、全透明對外展示的公共落
地窗，更讓創新的努力與行動被看到。該空間理念是：你可能是某
個共學活動的主人，但你也隨時都可以加入成為客人。

階段三：移轉

　　這個階段的移轉，談的並非社群營運責任或權力的移轉。而
是，強調教學創新或技術的轉移。還記得前面提過單點的觀課活
動，需要有深度的交流，才有可能讓創新的種籽，真正在不同教學
現場開枝散葉。因此，YunTech階段三的移轉，更強調的精神是如
何協助教師專業知識的技術移轉。

　　我們具體的做法是，將教學專業知能的講座，變成較長時間的

工作坊。然而，這並非是單純將學時拉長，或將內涵改變而已。移轉階段的活動，必須仍然從社群內的交流討論、講師邀請等活動延續。換言之，在進到工作坊的規劃前，前面社群活動可能已經經歷許多次的教學法研究、相互觀課演示、教學現場問題討論等單點活動。等到教師們（即所謂的社群成員）真正對某一教學法有深入理解，並決定應用於具體的課程中時，才進入到工作坊的技術移轉階段。我們認為，當教師帶著明確的問題報名與參加工作坊，無論是動機與學習效能，都比被動傳輸的講座式研習活動，更有效率，同時也更具目標和成果導向的學習。這樣一來，辦理兩天一夜的工作坊，不但學習不累，還大受歡迎。

▲ 圖5.5　系統動力教學深度研習

▲ 圖5.6　未來教育深度研習

四　結語

　　由於篇幅有限，本章僅舉二個實例，並嘗試將教師發展組業務支持創新的教學脈絡化。從本文回顧過程，筆者認為這間卓越的大學教學創新，從空間改造與教師專業發展的議題上，最大的特色在於能夠跳脫純粹學校行政思考角度，改而追求智慧教育辦學，成功展現行政支持教學的大智慧。

第六章 學生學習成效

朱宗賢

　　近年學習翻轉風潮席捲全臺，在一股創新學習法熱潮過後，如何持續引發學生學習動機，讓學生能熱衷於精進自我的專業領域範疇，則需回歸於學生技術本位學習，學習「帶得走」的職能及專業，強化理論與實務的鏈結，並強調能應用且發展成屬於學生個人的特色，才能具有因應未來職場快速變遷的專業職能。

　　雲科大著重於教學及學生學習本質，在現有的體制下，多方面探究學生學習軌跡，發展有效學習模式與制度，給予學生學習最核心的資糧。

一　創新教學，自主學習

1. 由實務帶領理論學習

　　雲科大的教學特色比照德國技職教育師徒制及教科書編撰採「以實務帶領理論學習」的技術本位學習思維。不但符合多元智能理論，更能配合高職學生的學習風格，同時也強化理論與實務的連結。因

此，豐富學生真正動手實習（實驗）的PBL實務課程與推動個案教學為主的學習體驗，已深耕成爲雲科大的特色，這與普通大學先推導理論，再驗證案例的學習方式，是完全翻轉的思維。

在正規課程設計上，除了將大一生命教育作爲學涯開展的定錨課程外，大學部各系皆全部開設長達一學年的實務專題（5學分），並定位爲強調整合與實作之總整課程（Capston Course），爲另一項特色。

雲科大透過實務帶領理論的務實致用教學型態，已有顯著的成果，孕育多位同學獲教育部技職之光等獎項，105年機械系石宏達同學獲得「技職傑出獎──發明達人」，及視傳系許智瑋同學榮獲「德國iF概念設計獎」，學生在自己的專業領域內，以及國際舞臺上發光發熱。

■ 總統教育獎（創設系范弘昊）

　　榮獲2016年總統教育獎的國立雲林科技大學創設系范弘昊，出生時右手被臍帶纏住，導致先天沒有右小臂，但他克服先天缺少右手臂的肢體障礙，投入籃球運動，成爲國小田徑校隊隊長，高中、大學籃球社社長，目前就讀雲科大創意生活設計研究所的范弘昊，除了在球場拼出自信，也發揮設計

▲ 總統教育獎得主雲科大創設系范弘昊

專長，所設計作品榮獲2015年臺灣國際創新發明暨設計競賽金牌獎、2015華沙國際發明競賽銀牌獎、2015年波蘭國際發明展獲銀牌及特別獎。

■ 中國工程師學會十大優秀工程學生（電子系朱家民）

國立雲林科技大學電子工程系朱家民同學榮獲105年度中國工程師學會十大優秀工程學生。獲此殊榮者，除歷年來之學業成績平均需達一定水準，亦需具備領導才能與優良之

▲ 朱家民同學榮獲中國工程師學會十大優秀工程學生

學術表現，朱家民同學於大學期間學業總平均保持於班上前三名，且多次擔任班級副班代與班代。同時朱家民同學於大三至大四期間進行實務專題研究之成果豐富，其專題內容係關於如何提升染料敏化太陽能電池之研究，部分研究成果已發表於2015年國際電子元件及材料研討會、2015年第11屆亞洲化學感測器研討會、2015年第13屆微電子技術發展與應用研討會、2015年IEEE電子元件與固態電路研討會，亦於2015年國際智慧感測技術研討會暨第20屆臺灣化學感測器協會研討會榮獲口頭論文競賽佳作獎，並將研究成

果投稿於*IEEE Electron Device Letters*（2015年7月刊登）與*IEEE Journal of Photovoltaics*（2016年1月刊登）。朱同學實務專題指導教授周榮泉特聘教授肯定其努力之研究結果，及展現積極與研究熱忱之態度。

2. 養成自主學習習慣＋創新精神＝未來人才職能保證

　　未來人才職能保證的推動，即是透過培育自主學習能力，讓學生在進入職場後，也能持續自學，增進職場競爭力。除了實作技能的品質保證，雲科大更有責任配合國家勞動力與產業發展轉型政策，讓現階段臺灣優質的代工產業人才，持續轉型成為具創意、創業和創新品牌價值的未來人才。雲科大104學年度起，首創《學生實踐課程學習激勵要點》，鼓勵學生實踐課程所學，豐富實作體驗，提升未來職場就業競爭力。

　　此外，搭配教師產學輔導團由企業帶回的專技題目，105年制定《學生自主學習社群推動與補助實施要點》，鼓勵學生透過組成自主創客社群的方式，以跨領域、合作學習體驗四創學習（創意思維、創新設計、創作實踐及微型創業）。累計已有35組學生自主學習社群，其中12組為跨學院，8組參加國內外競賽；其中視傳系許智偉等同學組成的團隊參加iF學生設計獎獲全球第一名，奪下5,000歐元獎

金，刷新臺灣得獎紀錄。

　　值得一提，雲科大在人才培育上首創「未來學院 —— 前瞻學位學士學程」，首屆已招收10位不同領域的技優學生，視學生自主學習興趣、自身專業領域特質、未來就業取向等因素，適性客製化發展該學生的課程和實習，其目的爲保證每一位走出校門的畢業生，能具有因應未來職場快速變遷的就業職能。

■ 2016年德國iF概念設計獎全球第一名（視傳系許智偉）

　　雲林科技大學視傳系學生許智偉，以單一海報作品「ＲＡＩＮＤＲＯＰ —— 雨落」，獲得2016年德國iF概念設計獎全球第一名，獲頒5千歐元獎金，刷新雲科大視傳系歷屆獲獎紀錄。許智偉表示，雨落是自然界生命的水循環，以循環破壞概念爲發想，雨水往下滴落，潔淨水滴落在紙面，渲染濁墨構築的都市工廠，工廠所排放的廢氣造成水汙染，當再度降雨時，酸雨及含重金屬的雨滴回落地面，最終回到人類身上，造成無止盡輪迴。該展有來自全球50多個國家，超過1萬1千名參賽者競爭，並於各類別選出100名入圍者，其中9人獲得特優獎項，許智偉與其他2位參賽者並列全球第一。

3. 建立以四創教育為主的創新校園

(1) 引進史丹佛大學設計思考（Design thinking）

　　YunTech於104年新訂定《學生實踐課程學習激勵要點》，鼓勵學生媒合跨領域創客團隊，組成創客社群，發展原型。並打造校級創新圓夢平臺，加速孵化高潛力創客團隊，並積極培育創客。至今，每年徵件數可達70餘件，展出組數平均約為50餘組，參觀人次約為2千餘人，合作廠商約為10家、業師12位，已組成161組師生創意團隊，並持續鼓勵學生創客（Maker）參與國內外競賽。

　　為了建立學生的創新自信，然後再鼓勵學生大膽走入創業行列。YunTech除了在國內參加國家級創新作品展，吸引投資者與合作廠商外，YunTech更送學生去世界各地學習創新、體驗創新，進一步競技創新。學生經由競賽過程中的動手實作，應用跨領域知能，厚植解決問題的創意思維。包括德國紐倫堡、俄羅斯莫斯科、瑞士日內瓦、美國匹茲堡、烏克蘭、日本、韓國、波蘭、馬來西亞、澳門等地，都有YunTecher足跡。參展（賽）作品皆為學生平時實作成果，更能引起學習動機，包含總整課程、創新創業競賽、產學教育合作方案等。雲科大學生作品已有11位學生獲科技部大專生創作獎；此外106學年度參與國內外產官學競賽，更獲115金、73銀、56銅、201其他獎項（含iF3獎及紅點6獎，累計達445面獎牌）。

(2) YunTech創業一條龍輔導機制——雛型作品的營養針

　　持續四年辦理「師生創新圓夢計畫」，結合補助學生組成的創客社群，徵集文創設計、技術應用、服務創新、未來科技共161件的創業雛型點子。邀請創投專家從62隊作品，依市場商業價值性、創意與獨特性、可行性、技術力與專業布局等指標，遴選TOP 10創業團隊，參加璞玉計畫的系列創業養成教育，密集培訓課程，輔導撰寫商業計畫書，並依需求來邀請校外不同領域人士提供回饋意見。

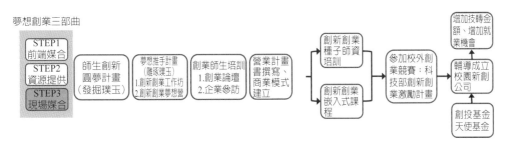

▲ 圖6.1　YunTech創新創業一條龍輔導流程圖

▲ 圖6.2　學生組成創客社群設定階段學習目標

▲ 圖6.3　創設系學生創客社群設計作品參加校外競賽
　　　　（新一代設計展）

　　104至106年期間，透過「創意思維」、「創新設計」、「創作實踐」到「創業體驗」的四創教育價值鏈，累計已組成112組師生雛型概念企業，創設19間校園新創公司。

　　為了建立創業楷模學習教材，雲科大也同步記錄師生創新創業輔導歷程，從概念發想、製作改良、加值設計、行銷與撰寫商業企劃書的完整過程，編寫教學個案及電子書，提供輔導課程作為教學使用。並開設創業管理碩士學位學程，創業經驗回饋教學，首創以「業界創業家＋專任教師＋研究生」的三角模式，邀集畢業校友或成功業界創業家，以及企業主與資深經理人偕同授課，將創業經驗及經營模式融入課程，培養研究生創業實戰力，把四創教育納入雲科大永續發展特色，持續深耕創新創業思維的種子。

　　在爭取創業補助的成果上，YunTech更輔導團隊，爭取科技部創新創業激勵計畫、教育部創業服務計畫（U-START）等補助。統

計至106年止，全校共計有39組團隊通過評選（含：16組科技部創新創業激勵計畫、10組教育部大專畢業生創業服務計畫／U-START、14組教育部區域產學合作中心中區技專校院崢嶸棟樑競賽），共獲1,442萬激勵獎助金。

參與作品／瀏覽人次

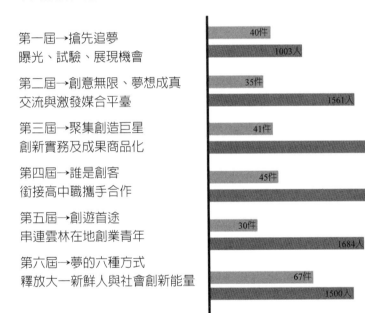

第一屆→搶先追夢
曝光、試驗、展現機會

第二屆→創意無限、夢想成真
交流與激發媒合平臺

第三屆→聚集創造巨星
創新實務及成果商品化

第四屆→誰是創客
銜接高中職攜手合作

第五屆→創遊首途
串連雲林在地創業青年

第六屆→夢的六種方式
釋放大一新鮮人與社會創新能量

▲ 圖6.4　歷屆創新圓夢競賽暨展覽成果規模情形

▲ 圖6.5　近距離和業師交流的機會

▲ 圖6.6　業師創業經驗輔導諮詢平臺

▲ 圖6.7　創設系學生展現創新創作能力
　　　　（作品名稱：手部訓練方塊）

▲ 圖6.8　數媒系學生創業獲2017年臺灣產學策進會放視大賞：
　　　　行動應用類——應用內容組金獎（新創公司：食柔野餐）

二　學習輔導，弭平落差

1. 教學助理學習輔導網絡機制

　　雲科大為提升與改善教與學品質，將全校教學助理分類為四大類（一般課程、課程輔導、數位學習、專案教學）。

　　教學助理四大類型說明：

(1) **一般課程教學助理**：主要配合課程需要，於授課教師指導下，協助教師教學與輔導工作。執行項目包括：①協助教師準備授課；②協助教師製作教材；③協助教師準備授課大綱、授課內容上網；④設計並維護課程網頁；⑤協助教師進行大班教學；⑥帶領演算類實習課程；⑦帶領實驗／工廠類

實習課程；⑧帶領補救教學；⑨每週定時提供課業諮詢服務；⑩回覆學生問題；⑪負責帶領語言發音練習；⑫其他與教學相關之事務。

(2) **課程輔導教學助理**：細分為「主動設置」及「一對多」課業輔導教學助理（TA）二種類，專責課業輔導，主動設置TA（又稱主動嵌入式課輔TA）執行內容為配合課程需要，於授課教師指導下，促進學生學習成效，包括了解課程內容，進行補救教學與提供課業諮詢服務；一對多TA執行內容為針對學習成效不彰的學生，由教學卓越中心依申請接受課業輔導的需求而設置。

(3) **數位學習教學助理**：數位學習教學助理專責項目，包括①協助教師進行數位化教材製作；②數位課程教學、軟體教學及錄製；③進行數位教材後製剪輯等相關事務（圖6.9）。

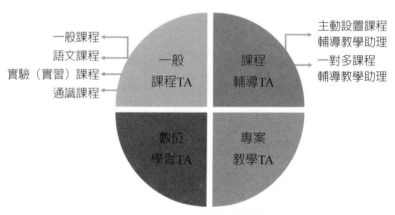

▲ 圖6.9　YunTech教學助理類別

(4) **專案教學助理**：教學卓越中心依創新計畫執行現況設置專案
　　教學助理，以協助推動各項相關業務。

　　雲科大每學期皆規劃基礎與進階二階段的研習培訓，並完成認
證、考核與遴選之制度，強化教學助理職能。在學習輔導方面，透
過期中預警制度、導師晤談和轉介諮商輔導中心或提供教學助理
（TA）課業輔導等資源，針對學科、寫作、英語補救、生涯諮詢等
面向，建立全面性的學生學習輔導網絡（圖6.10）。

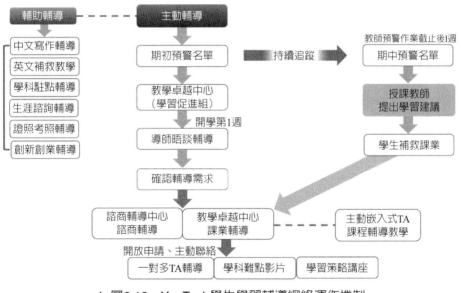

▲ 圖6.10　YunTech學生學習輔導網絡運作機制

　　自103年起，雲科大建立預防性學習預警機制，透過IR分析篩選
出必修課程且修課達40人以上且不及格率高於20%之8門課程，提前

預防性隨班嵌入1至2位課程輔導教學助理（TA），是全國首創。課輔TA目標主要爲配合課程需要，在授課老師指導下，促進學生學習成效，學習方向包括：

(1) 了解授課教師內容與進度。

(2) 協助教師課後進行大班教學與習題討論。

(3) 進行補救教學。

(4) 提供課業諮詢服務。

試行主動嵌入式課程TA機制後衍生的研究結果發現：有20%～50%的學生，可因主動嵌入隨班課程輔導TA，有效地提升學生學習成效，學生藉由主動式嵌入課輔TA機制，可即時發現疑惑解決問題，避免困惑尚未解決而持續積累學習盲點，同時也免除因期中預警時間急迫，而造成學習動機被削弱或放棄學習的問題。自103學年度起，共計已設置57門課程，受益學生約4,681人，平均每學期約節省20萬元。以106學年度第1學期爲例，共83%的課程降低了不及格率，整體班級的課程不及格率平均降低了10.12%，與上學年同期課程相較之下，最高降低了17.13%不及格率，學習成效顯著，大部分學生認爲此課輔制度對其課業學習是有助益的。

▲ 圖6.11　　「微積分」一對多課輔教學

▲ 圖6.12　　「工程數學」課程TA課輔教學

　　另外，值得一提的是TA透過記錄輔導時的難點內容和題目，並拍攝成難點數位教材放置於YunTech網路虛擬大學，作為同學課前、課後自主學習可運用之教材。

▲ 圖6.13　106-1學期學科難點上架公告

▲ 圖6.14　「統計學」課程學科難點影片拍攝

2. 推動1+4專案

為鼓勵學生考取證照，推動「1+4專案」獎勵，並訂定「學生1+4專案推動辦法」，該辦法所稱1+4，乃指一份畢業證書，加上語文能力證明、專業能力證明、資訊能力證明及參與社團證明等4份證

照。目前，每年主動申請，並經審核後獲獎勵人數持續上升，102年～107年4月已有3,250位學生通過並取得專案獎勵。

3. 輔導證照考照與培訓

　　除了提供獎勵機制以外，學校也特別開辦考照說明會，以及考照培訓班，前者協助學生認識證照的類別與取得的方式，後者則以技能培訓的方式，協助有合作學習需要的學生，在教師的帶領下組成「考照讀書會」或開設「就業證照輔導培訓課程」。光105年，共開設包含AutoCAD 2015證照認證輔導課程在內的14個考照培訓班，等同平均每個月都有一組學生，在校園進行考照讀書會。104至105年累計校內學生共持有證照數為9,233張，等同人手1張有助於未來就業的專業證照。106年教師輔導40位同學參加經濟部iPAS 106年度「物聯網應用工程師」能力鑑定，最後40位參加檢定同學中有20位通過能力鑑定，取得證書，通過率為50%，而此項能力鑑定，全國平均通過率為29%，通過率為全國之冠，遠超過全國平均！

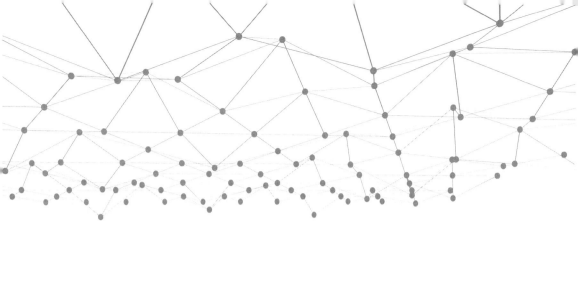

◆第二部分

創新教學大學這麼做

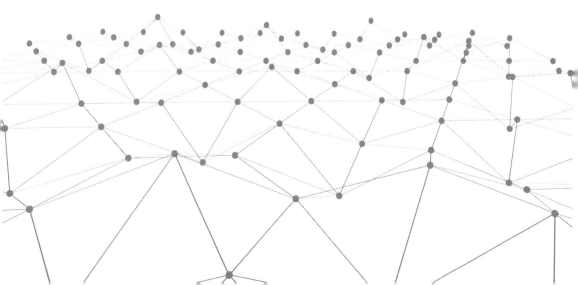

第一章
創意教學與服務學習的體現
——王瀞苡老師

採訪撰文：李佳蓉

　　王瀞苡教授目前於雲科大開授「工藝文創與行銷」等課程，將傳統工藝與行銷合而為一，而獨具特色的課程內容帶給學生理論與實務兼具的經驗。

　　王老師無時無刻都在督促著自己，期望能夠不斷地進步。對於研究富有熱忱，對教學更是充滿熱情，為了能夠讓學生從課堂中獲得不同的經驗與體會，王老師表示：在教學方面，希望自己能夠持續創新，例如將虛擬實境或VR等科技帶入校園與課堂，激發學生學習的

興趣。

　　王老師更期許自己，每十年就能出版一本專書。因為只有不停地在背後推動著自己，才不會因而停下腳步，讓時光平白流逝。

一　多方涉略的學習歷程

　　王瀞苡老師畢業於高雄女中、國立政治大學東方語文學系韓文組，後攻讀國立成功大學藝術研究所。大學時期的王老師，興趣廣泛，熱愛接觸新事物。除了系上的課程，對於其他科系的課程也有極大的興趣，舉凡新聞、廣告、經濟、管理、會計等等，王老師都曾接觸過。而在這般多方嘗試接觸過後，王老師發覺自己仍對於藝術情有獨鍾，於畢業後考取成功大學藝術研究所。

　　研究所就讀期間，在創所第二年的藝研所新鮮世界，王老師邂逅了各式各樣、自帶個人獨特風格的人們，替她的研究所增添了不同的色彩。懷著對藝術的喜愛，王老師獨自闖蕩在這個色彩繽紛的世界裡，她開始對民俗及傳統藝術產生興趣，畢業碩論遂以民間藝術八仙綵為題撰寫。提起自己當年的碩論，王老師回憶學生時代，本土民間藝術研究罕見，「尤其是道教藝術的調查，真的比較少，比較多是佛教藝術」。此外，當時較少學者進行常民文化的田野研究，能參考的文獻資料不多。不過，這並沒有讓王老師受挫，反而越發積極的去做田野調查。

　　「臺南是府城，有很多繡莊，那時候還有十幾家繡莊。所以我開始做一些田調，當時藝術較少人採用田調方法做研究。我就是比較勤勞去記錄每一家繡莊，然後每天跑3、4間訪問。」一方面是對民間藝術的熱愛，另一方面則秉持田野調查的耐心與堅持，因著王老師的勤勞與用心，這本碩士論文獲得了口試委員的好評，並獲行政院文建會補助出版為專書，將王老師那段日子的付出永遠的留存下來。

二 持續深耕傳統藝術領域

　　王老師目前為文化部文化資產委員。由於很早進行傳統藝術研究，因而雖然是青壯輩，但對於文化資產事務，她已經接觸了二十多年，熟悉業界狀況。

　　回憶過往，王老師提到，碩士畢業後，她先進入國立高雄師範大學成人教育中心擔任行政助理，辦理許多全國性的成人教育活動。爾後，聽從均為人師表的父母意見，報考彰師大的學士後教育學分班就讀，並擔任國中代理老師，開始教師生涯，當時教授的科目為美術。在取得教育學分後，順利考取國中正式教師。教書期間，她經常帶學生參賽且獲獎，後來擔任高雄市教育局藝術與人文課程的總召集人，又被獲遴選為國立編譯館藝術與人文學科的審查委員。提起這項經驗，王老師說：「那時候全國北中南區只有各一個國中老師，機會難得，所以每次我拿到教科書或是教師手冊，我都很努力花很多時間在

看。」無論是當初在做田野調查，亦或是後來擔任委員職位，王老師始終保持著一顆熱情且努力的心。

在國中教書多年後，王老師沒忘記自小出國深造的願望，選擇到美國攻讀藝術教育博士。而秉持著自身對民俗藝術的熱愛，王老師的博論，即是探討美國K-12美術老師對民俗藝術的觀點與態度。提起當時的那些訪問，王老師說：「我發現當時很多美國的美術老師是糾結在 "Fine Art"（純藝術）跟 "Folk Art"（民俗藝術）的優劣概念上；他們雖然也欣賞民俗藝術，但其實還是覺得 "Fine Art"（純藝術）略勝一籌。」

除了孜孜不倦地攻讀學位，王老師在美國亦重拾畫筆，開了好幾次畫展。而即使工作忙碌，在2018年，王老師都還有作品在日本東京的國立新美術館展出。

從美國學成回國後，王老師先到實踐大學擔任「服飾經營學系」的助理教授。爾後於2005年進入雲林科技大學文化資產維護系擔任助理教授。

三 多元豐富的創新教學

進入雲科大後，王老師在文資系與通識中心開設過歷史、藝術與文化資產等課程，科目豐富且多元。其中，王老師在文資系所開設的文化行銷課尤具特色。王老師由於在大學時期多方涉略，加之平時

就喜歡閱讀經營管理相關的書籍及報章雜誌，所以系上詢問開課意願時，深感興趣的王老師便決定挑戰。於是，文化行銷課程強調親產學，爾後更是將產業及行銷二者融合在一起，變成一門頗具特色的課程。

107學年度，王老師新開了「工藝文創與行銷」課程，將她的研究專長──傳統工藝與行銷結合，成為一門獨一無二的課程。而開設此門課的背景，與她曾經開設過的「社會企業」與「文化行銷」課程有關。

1. 跨域合作的「社會企業」課程

王老師初次嘗試跨域教學的課程是在四、五年前開的一門「社會企業」，她當時與俞慧芸教授（企管系）、黃世輝教授（創設系）與古東明教授（資管系）共四位老師合開課程，從中獲得不少啓發。「在社會企業課程裡，我蒐集了一些國內外運用工藝來獲利並回饋社會公益的案例」。

初到雲科大第二年時，王老師獲邀加入雲科大的社區數位發展中心（簡稱「社數中心」），當時社數中心承接教育部偏鄉數位機會中心（DOC）的輔導計畫案，也就是在社區的公共空間，或是學校教室設置電腦，請講師定期教社區的居民運用電腦處理生活事務、獲取新知，以及基礎的電腦技能。同時，也派社區駐點人員協助管理與維護電腦教室，並協助社區輔導。也就是說，從進雲科大第二年開始，王老師就一直在做服務學習這件事情，而「社會企業」這門課的出

現，便源自於這份經歷，並且是與社數中心的教師夥伴，一同開設這堂跨域教學的課程「社會企業」。

爲什麼說「社會企業」這門課是堂跨域教學的課程呢？王老師表示：「因爲社會企業裡面有文化面向，也有科技面向，從中可以認識很多不同類型的業態，並且是兼顧商業與公益面。」

提到了服務學習，王老師分享了另一項人生經驗——由於在大學時代即是服務性社團幹部，有豐富服務學習的經驗與知能，因此在社數中心號召老師們組織學生志工團隊至社區服務後，她就在任教的文資系組織了「雲科大文資系志工團」，並在雲林縣東勢鄉同安國小進行爲期一年的服務。在服務一年後，「雲科大文資系志工團」的服務成果，就僥倖獲得了包括「教育部95學年度傑出資訊志工團隊獎」、「教育部95學年度優秀資訊志工團隊獎」二個最高的團體獎項，以及三個志工個人獎項等五個全國獎項，讓團隊成員相當驚喜。當時，多數參與教育部資訊志工的團隊以資訊系爲主，王老師所帶領的團隊，是第一個以運用數位科技，但以文化資產角度來帶領偏鄉學童觀察記錄的團隊，因此在志工團中獨樹一格；加上大學生志工們都熱忱服務，費心設計教案，因此備受好評。

2. 親產業、重實務的「文化行銷」課程

「文化行銷」這門課，王老師採用親產業、重實務的課程規劃。這門課王老師開了七年多，與產業界有密切合作，課程強調務實致

用，讓學生不只是學習理論，也走出教室到業界參訪，並曾多次邀請業師分享經驗與教授實務技能，讓學生分組進行行銷企劃競賽，從合作中學習，最後能正式分享自己的成果。例如：和正新橡膠公司（正新輪胎）的合作，主題為正新企業員工日的行銷方案規劃。學生們從行銷企劃書到成果發表會的Slogan都絞盡腦汁地用心規劃。在行銷提案競賽當天，正新公司的行銷副總率領行銷部的六位幹部來擔任評審；並當場邀請第一名的團隊學生到公司任職，但因學生才正值大學部三年級，仍無心於就業而作罷。

　　與大霹靂整合行銷公司（霹靂布袋戲）合作的提案競賽合作活動，則是研究所的「文化行銷專題研究」課程，也是邀請臺北總公司的行銷部與美編部組長親自南下評選學生的提案。學生們非常用心，獲得第一名的團隊頗獲審查委員青睞，希望能夠邀請直接進入公司任職。王老師提及：「我們學生真的很用心啦！而且這一組還不是設計系，設計所學生設計的東西連3D都做出來了，反而是第二名，因為他說他們美工設計的人員已經很強了，缺的是概念、缺的是創意，第一名這一組的創意，他覺得已經就是完整，也符合他們業界的需要。」

　　對於這部分，王老師認為，創意是需要在課堂上運用許多不同的方式，去引導與啟發學生。王老師本身看過許多案例，時常運用新穎的、國內外的案例去刺激學生的想像力與創造力。

　　由於這門課是透過課程與業界的合作，學生要學習撰寫專業行銷

企劃書，事前籌備必須非常充足。老師則引導學生思考行銷主題，教導其文案撰寫與企劃書撰寫的技巧。王老師說道：「這些業師有技術，但不知道要教學生哪些？也不清楚如何教？所以我得要跟著一起研發課程與教具教材。」

透過業師教學，學生們從中學到了不同的技術，也有了新的經驗。

四 對於90後的期許

王老師說：「我認為他們真的要更敢作夢、更敢嘗試，要讓自己成為會說故事的人，擁有專屬於自己故事的人。」

在王老師看來，現在還是有很多學生處於迷茫階段，不曉得自己每天該做些什麼，也傾向於走捷徑、輕易獲取成果，沒有認真去思考創造屬於他自己的故事。也有一些學生，他或許積極正向，但卻也少了那麼一點，無論是奮鬥或是努力的故事。

由於本身擁有一個充滿熱情且熱血的過去，王老師特別希望現在的學生也能夠擁有這股熱情與熱血。現代已經無法如過去王老師那年代，做志工時，多數真的是無私的奉獻，偶爾能領上一件活動T恤就覺得心滿意足。現代的學生們做事情前，首先思考的都是經費來源，她仍舊希望，學生們對待生活的熱情不滅也不會改變。

「除了變得有故事，我更希望他們有溫度，這個溫度來自多幫助

一些工藝師，或是弱勢族群。」王老師的課程經常結合專業服務學習的內涵，帶領大學生到偏鄉國小或社區服務，就是期望學生們能回饋社會，成為有溫度的人。

▲ 文化行銷課程至朴子辦繪繡展與推廣活動

▲ 文化行銷課程至雲林林內國小服務學習

▲ 王瀞苡老師2006年帶領文資系志工團至同安國小服務合影

▲ 學生畢業專題 —— 文化行銷課程發表

第二章

奇點跨域教學：維持初衷、啓動設計新樣貌 —— 林沂品老師

採訪撰文：李佳蓉

■ 技職背景，教學帶入自身經驗

　　林沂品老師爲國立雲林科技大學創意生活設計系所專任助理教授，在教學的過程中，因自身兼備了普通大學與技職科大的求學經歷，從高職一路念到國立臺北科技大學建築系、國立成功大學建築研究所碩、博士。在高職期間，授課教師重視「手作」、「實作」，從

中培養了高職畢業即有就業能力技能；在科技大學求學階段，更習得設計相關的設計導向技能。從高職端到大學端，由技術層面跨足到設計層面外，林老師表示，她攻讀研究所的原因，則因對空間物理環控議題的興趣及希望未來可以從事教學及研究的工作。而就讀博士班的契機，亦受到當時成功大學建築所江哲銘指導教授的啟發，將學習領域更深度去探索自然環境的設計手法，透過科技量化去呈現空間環境中看不見的因子，比如說通風、溫度、溼度等，以利達到舒適健康的環境。

二 挑戰設計創意專業

來到國立雲林科技大學之前，林老師曾任教於東方設計學院室內設計系。林老師回憶，以前在念書時鮮少室內設計系，全臺大概只有中原大學，雲科大也才剛成立。在民國80年代左右，臺灣「建築」正是蓬勃發展的時期，而隨著臺灣社會越富足，生活條件越來越好，大家開始追求一些生活品質，因此室內設計這行業就逐漸興起。

至雲科大創意生活系任教這兩年以來，對林師來說是個挑戰。因這個系是融合視覺品牌、產品工藝、空間場域等跨域設計整合的一個科系，而學生更多數是設計、家政、普通高中等背景，對學生來說，如建築的複雜度比另外兩項設計系面向顧慮的事情更多，讓學生在短時間之內學習專業並完成設計作品，具有一定的挑戰。林老師初來到

本系教學的時候，發現學生常常會對自己專業的學習有一個小質疑，覺得好像什麼都學，好像什麼都不專精，面對這樣的困境，她時常以設身經驗去鼓勵學生，並以實例去向同學分享勉勵學生，只要是學生能力所能勝任的，她都會盡力去鼓勵學生勇於嘗試、不要自我設限及精進學習。

三　學校支持專業教學

　　設計思維和解決問題的行爲面向上，因設計是一門學問，不像其他領域可能是一個基礎科學探索，設計的角度是以人出發考量，故不論是什麼產品、視覺或空間，都需以人爲核心。林老師說起，因公私立學校背景上之差別，初來到雲科大後，發現雲科大在環境和資源方面都很充足，且本校教學卓越中心也建立一個平臺（IR平臺）能讓老師主動申請計畫來補助教學，由衷感謝這個機制，讓第一線從事教學的教師能擁有充分經費，能有效豐富教學內容、跨域教學整合。

四　三領域合作創造高思維

　　創意生活設計系主要有三個領域（視覺產品、工藝和空間場域）的老師組成。林老師是負責空間場域，在系裡的課程設計來說，是以主軸設計三向度跨域教學整合爲主。林老師也在教學課程上做一調

整，除了質化研究外，她更提出在永續與綠建築這塊還可以加入量化的設計，使用量化方式讓看似無形的東西能被看見。例如：吸入的空氣，能透過量化的方式，知道某些數值化的溫度、溼度、風速、CO_2 等，進而能提供相關設計參考。另外，林老師也想跟大家分享關於奇點模組的「文創聚落空間概論」課程，這是系上產業創意人才的模組課程，由幾個老師跨域合開課程，各自討論整合而成。開課內容包含設計創造力、展演設計、文創聚落空間概論、品牌服務設計及品牌中介經紀等課程。林老師也指出在兩個小時的課程中除帶領同學實際現場觀察、訪談在地的經營者外，也邀請經營者與同學們分享文創聚落的創立過程。此外，也進行校外教學參觀，挑選一些不同類型的聚落模式，例如：光復新村舊時代的宿舍區是將以前老舊的眷村脫胎換骨，配合政府的一些計畫，逐步形塑出略帶純樸的一個半商業區；臺中市的審計新村則是商業化的整頓模式，藉此讓同學去比較差異，另外，去參觀范特喜微創文化的綠光計畫，由范特喜這民間團體自己帶動文創聚落的這個模式，讓學生去學習並觀察其經營模式；此外在臺中國家歌劇院中又充滿各式各樣現代化的文創商店。透過上述的參訪與實際田野調查方式，過程中讓同學們在同一天內欣賞到截然不同樣貌的文創聚落。

透過課程設計，林師主要教學策略是：(1)先幫學生講解課程重點並分組，透過分組議題讓學生們廣泛地討論分析，例如：討論文創產業的營運狀況、推廣行銷的部分、探索歷史建築物修繕與使用模

式、及室內外延展的空間、社區居民參與等。(2) 了解關鍵人 / 在地人心聲，透過班上有許多雲林在地學生對文創聚落的正反意見，釐清正、反面建議，以此為基礎，以觀光或在地經濟的角度，進行概念的發想。(3)因應不同科系學生及其專業訓練角度不同，營造交流與創造多樣思維。

五　趣味的活動式課堂 —— 新鮮人課程

於106-1學年度，林老師也參加本校的創意思考跟創新實踐的課程，受到設計思考模式的啟發，並自主參加工作坊，試著在學期中導入問卷設計的課程教學，利用課間群組腦力激盪，使群組討論、交流；更利用便利貼等教具，短時間內讓大家能聚焦、探索問題，翻轉教學。

此外，林老師也提及系上許多課程均融入議題，如綠色場域等永續議題，吸引建築系同學前來修課。雖然不像通識課程，但此種議題吸引其他相關科系選修課程，因不同屬性的同學集聚在一起，所以課堂間就充滿不同的意見增加趣味性。

課程中，例如以海報呈現為例，林老師說到，通常設計系學生以為的海報是精彩又美化，而老師說得海報是呈述作品內容，不同科系對作業跟字眼上的認知是特別有趣。為了提升低年級的學習興趣，最近有一門課開在一年級是「走讀建築」，由創設系三個建築場域的專

業老師合開，前六週由謝老師從設計美學角度帶領學生學習，欣賞建築案例，如臺灣建築師跟其他國家的案例；中段週次則由林老師導入建築物理跟自然永續部分；後段週次由鍾老師講解建築結構、實務施作工程，學生們覺得這樣多樣的安排課程十分有興趣學習。

六 營造社區與師生的互動關係

　　林老師在雲科大教學後實際參與了社區規劃師的計畫案，透過輔導社區居民的環境改造，協助結合社區發展，營造更好的生活空間讓居民共同聚集的場所。此計畫是屬於雲林城鄉發展處的經費，補助居民自己動手去改善環境，林老師曾嘗試將社區計畫導入教學課程，落實大學社會責任，但要將學生導入社區營造或與計畫案作媒合，這得需要更周全的安排與計畫，因為這需包括經費和對外接洽，畢竟兩者族群不同，一個是學校，一個是社會團體，必須建立好一個分界，哪一部分是學生去協助跟進行，哪一些是不應該要求學生去做的，關於邊界的拿捏跟學生的認知要有所調整。沒拿捏好，學生容易覺得幫忙做老師自己的計畫，把他們當作工讀生，可是老師本意是希望藉此讓學生了解社會的需求跟直接面對產業實作的狀況而得以務實致用。

第三章

創新創業，未來新境界
——陳昭宏老師

採訪撰文：李佳蓉

一 輝煌的研究經歷

　　陳昭宏教授目前任職國立雲林科技大學資訊管理系的特聘教授，1997年自國立成功大學交通管理科學系所取得博士學位，隨後在研究領域發光發熱，迄今擔任許多國際及國內研討會主席、議程委員和場次主持人，包括二十幾個國際SSCI/SCI和國內TSSCI期刊／reviewer，包括Decision Sciences（SSCI）、Journal of Business Research（SSCI）、International Journal of OMEGA（SSCI），資訊管理學報（TSSCI）等，也擔任哈佛PCMPCL教學／種子教師。

　　曾在2017年暑假至澳洲Monash University資訊科技學院（2018年上海交通大學世界大學排名第78名、2018年泰晤士高等教育世界大學排名第80名），以及韓國中央大學國際物流系作為訪問學者。2016年被邀請做為教育部10年有成——數位學習認證實施成果分享暨遠距教學研討會成效分享場次主講人，更擔任2016～2019年 The International Consortium for Electronic Business（Indexed by SCOPUS and EI）的臺灣地區副主席（Taiwan region vice president）。

　　陳老師也幫系上推動數位碩專班和數位課程認證，並成為全國科技大學第一位通過教育部數位碩專班的系所；也曾當過服務科技學會雲嘉南地區的副會長；更曾任職於都市計畫委員在都市的審議委員。陳老師的經歷相當豐富，可見老師對於研究的專精與熱誠，讓老師足以有如此多項學術活動。

■ 熱衷於人才培育

　　自從進入學術領域以來，陳老師熱衷於教學與培育人才。在雲科大任教期間，基於對教育界、實務界之責任與承擔，設立「行為網絡

暨財務資訊科技管理實驗室」，獲致相當不錯之成就及重要國際期刊之發表，提高我國學術地位在國際上的能見度。特別是在供應鏈組織間的知識管理、關係治理和創新績效相關主題。而具體的研究貢獻亦圍繞在此類相關主題下，呈現系統關聯性。內容包括供應鏈組織間以價值為關係治理基礎的資訊分享行為、綠色供應鏈組織間在關係風險下的知識分享課題、綠色供應鏈競合關係和知識分享、供應鏈組織間在關係治理和動態能力下的創新績效和供應鏈組織間在關係導向或制度導向和風險行為管理等課題，合計近十年具指標等級的期刊論文共十七篇，包括SSCI十一篇（其中Q1共9篇，達81.8%，其中五篇更達高影響力的論文（Top 10%），根據Web of Science得知，總引用次數達394次），TSSCI六篇。近五年SSCI共七篇，顯示有成長趨勢。

三　重要研究成果簡述

1. 綠色供應鏈競合關係和知識分享

　　以往學者在探討組織間知識分享議題之中，甚少將信任因素當作組織間知識分享的中介構面，而大多將此因素與其他組織間知識分享影響因素，視為同一構面而不同類別的關鍵因素。本研究將信任因素當作供應鏈組織間知識分享的軸心構面。而所建構的模型，可以反映出供應鏈組織間，同時存在競爭和合作關係。此觀點在國內外文獻中

皆尚未提出此概念架構。實證結果顯示當某因素顯著正面影響（例如參與或溝通），或者顯著負面影響（例如投機行為）信任因素時。此類因素會藉由直接與間接（由信任因素中介影響），而造成其對知識分享之總和，影響效果亦會更強化且顯著。

此篇文章所發表的期刊：Supply Chain Management: An International Journal為SSCI期刊，其2017年Impact Factor為3.833。根據Web of Science查詢後得知，本篇文章被SSCI或SCI文章引用的次數為147次。若依據Google學術搜尋，本篇文章被引用的次數為419次。在Economics & Business領域中此篇文章的被引用次數達到Top 10%，雖未成為高被引論文（Top 1%），但可視為高影響力之文章。

代表作：Cheng, Jao-Hong, Yeh, C. H. and Tu, C. W. (2008), "Trust and Knowledge Sharing in Green Supply Chains", *Supply Chain Management: An International Journal*, *13(4)*, 283-295. 【SSCI】【2017 Impact factor = 3.833, Rank 27/140(Q1), Business; Rank 34/210(Q1), Management】

2. 綠色供應鏈組織間在關係導向或制度導向和風險行為管理的相關課題

藉由關係治理來考慮供應鏈組織間彼此的關係行為和互動，有別於傳統經濟觀點的交易方式。其中，分析的關係觀點包括資源基礎理

論和關係風險觀點等。其次，組織間在策略品質或知識分享課題上，過往學者在探討關係治理時，甚少考慮到關係導向或制度導向因素。關係導向或制度導向會受到供應鏈合作型態的類別的影響，進而影響到對供應鏈組織間的策略品質或知識分享。

此兩篇文章所發表的期刊：其一為Transportation Research Part E: Logistics and Transportation Review為SSCI期刊，其2017年Impact Factor為3.289。根據Web of Science查詢後得知，本篇文章被SSCI或SCI文章引用的次數為48次。若依據Google學術搜尋，本篇文章被引用的次數為94次。其次為Industrial Marketing Management為SSCI期刊，其2017年Impact Factor為3.166。根據Web of Science查詢後得知，本篇文章被SSCI或SCI文章引用的次數為24次。若依據Google學術搜尋，本篇文章被引用的次數為55次。在Economics & Business領域中此篇文章的被引用次數達到Top 10%，雖未成為高被引論文（Top 1%），但可視為高影響力之文章。代表作：Cheng, Jao-Hong (2011), "Inter-organizational Relationships and Knowledge Sharing in Green Supply Chains─Moderating by Relational Benefits and Guanxi", *Transportation Research Part E*, *31*, 374-384. 【SSCI】【2017 Impact factor = 3.289, Rank 5/31(Q1), Transportation, 12/83(Q1), Economics】和Cheng, Jao-Hong and Sheu, J. B. (2012), "Inter-organizational Relationships and Strategy Quality in Green Supply Chains─Moderating by Opportunistic Behavior and Dysfunctional Conflict", *Industrial Marketing Management*, *41*(4), pp.563-572. 【SSCI】【2016 Impact factor = 3.166, Rank 33/121(Q1), Business; Rank 37/194(Q1), Management】

3. 供應鏈組織間關係利益相關課題

過往學者在探討關係治理時，甚少考慮到利益或風險因素，亦即分析其關係價值。然而實務上利益或風險因素卻會透過其他中介變數影響到策略品質、知識分享或資訊分享，因此在未考慮利益或風險因素的情況下，則將無法完整描述實務上所會產生的行為。事實上，企業在考量進行鏈結時，會先以關係價值為考量，當此鏈結關係對企業本身有利時，企業就愈會傾向與對方進行鏈結，而鏈結的關係傾向，也會接著影響彼此的鏈結緊密程度，接著影響正面、負面衝突，最終影響鏈結的策略品質、知識分享或資訊分享。然而，從另外一個角度，關係利益也會影響彼此的權力對稱性，當所能獲得的關係利益愈高，就愈會造成彼此的權力不對稱，連帶造成衝突的發生，最終影響到鏈結的策略品質、知識分享或資訊分享。

此篇文章所發表的期刊：International Journal of Information Management為SSCI期刊，其2017年Impact Factor為4.516。根據Web of Science查詢後得知，本篇文章被SSCI或SCI文章引用的次數為58次。若依據Google學術搜尋，本篇文章被引用的次數為173次。在Social Science領域中此篇文章的被引用次數達到Top 10%，雖未

成爲高被引論文（Top 1%），但可視爲高影響力之文章。代表作：
Cheng, Jao-Hong(2011), "Inter-organizational Relationships and In-formation Sharing in Supply Chains", *The International Journal of Information Management*, *31*(4), pp.374-384. 【SSCI】【2017 Im-pact factor = 4.516, Rank 3/88(Q1), Information Science & Library Science】

4. 供應鏈組織間在關係治理和動態能力下的創新績效

　　組織間在創新績效課題上，以往的學者甚少考慮到關係治理和動態能力因素。藉由制度理論和資源基礎理論觀點，完整描述實務上資訊科技基礎彈性、關係治理和動態能力三者所產生的行爲。實證結果顯示，企業在考量進行供應鏈組織間鏈結時，資訊科技基礎彈性會受到有形關係治理和動態能力的中介影響，最終影響創新績效行爲。因此，本研究的實務應用價值，爲有效說明供應鏈成員間，要達成具有創新績效的競爭優勢，必須留意制度導向的組織間關係治理和增強回應顧客需求的動態能力的相關行爲和活動。

　　此篇文章所發表的期刊：Supply Chain Management: An In-ternational Journal爲SSCI期刊，其2017年Impact Factor爲4.072。根據Web of Science查詢後得知，本篇文章被SSCI或SCI文章引用的次數爲20次。若依據Google學術搜尋，本篇文章被引用的次數爲48次，在Economics & Business領域中此篇文章的被引用次數達到

Top 10%，雖未成為高被引論文（Top 1%），但可視為高影響力之文章。代表作：Cheng, Jao-Hong*, Chen, M. C. and Huang, C. M. (2014), "Assessing Inter-organizational Innovation Performance through Relational Governance and Dynamic Capabilities in Supply Chains", *Supply Chain Management: An International Journal*, Vol. 19, *No. 2*, pp.173-186.【SSCI】【2017 Impact factor = 3.833, Rank 27/140(Q1), Business; Rank 34/210(Q1), Management】

5. 榮獲 2015 年最佳論文引用獎（A winning paper in the prestigious Emerald Citations of Excellence for 2015）

為當年度臺灣少數獲獎教授，其中，另一位臺灣獲獎作者為順位第二的共同作者（臺大教授）。代表作：Cheng, Jao-Hong and Sheu, J. B. (2012), "Inter-organizational Relationships and Strategy Quality in Green Supply Chains—Moderating by Opportunistic Behavior and Dysfunctional Conflict", *Industrial Marketing Management*, *41*(4), pp.563-572.【SSCI】【2016 Impact factor = 3.166, Rank 33/121(Q1), Business; Rank 37/194(Q1), Management】

三 傑出教育發展貢獻

陳老師自覺取之於社會，應當回饋於社會。學術生涯中，除了培

育多位碩博士生外，亦曾於2013、2015和2018年獲得科技部所頒發大專院校獎勵特殊優秀人才之殊榮。其次，努力培育優秀學生，獲獎紀錄包括兩次全國管理碩士論文佳作獎和一次國科會大專學生論文指導創作獎，以及各項指導專題學生榮獲全國程式競賽獎。除了連連獲獎，陳老師亦投入時間推動，以哈佛參與者為中心的個案教學、數位課程認證、數位學習碩士專班申請、英語授課和PBL教學創新先導計畫。陳老師所推行的課程如下：

1.協助推動哈佛參與者為中心的個案教學

至哈佛管理學院受訓，積極推動最新個案來教學。熟悉的相關產業個案，包括中遠國際（股）公司、IBM等接近二十個個案，有助於學生了解公司商業模式、經營策略和跨管理分科領域的運作。陳老師曾運用哈佛個案教學的授課課程，例如：管理理論與實務、新興資訊科技與商業創新、全球運籌管理和健康與科技產業管理個案。

2.協助數位課程認證和數位學習碩士專班申請

曾經協助系上通過教育部審查，成立資訊科技服務管理數位學習碩士在職專班，並自行申請通過的認證課程，包括資訊科技服務管理應用、投資資訊管理和研究方法。

3. 協助英語授課

　　自2007年開始英語授課，目前已經持續採用英語授課達十二年，每學期皆有一至三門課採用英語授課。可採用英語授課的課程，包括供應鏈管理、研究方法、全球運籌管理專題、投資資訊管理、資訊管理導論、管理資訊系統和電子商務。

4. 協助 PBL 教學創新先導計畫

　　導入業界開發的程式機械人，例如：文佳科技（股）公司程式設計機械人的雲端服務系統。智慧系統程式之編輯與製作，藉由整合應用領域的元件、函數、模組、架構及軟體工程演算技術，有助於容易、快速和高穩定性電子化平臺的建構，將所形成的概念藉由此平臺成為具體、可創業的雛型程式。

四　產學互動和行政服務經歷

　　陳老師努力爭取產學合作和參訪機會，曾經多次與公司產學合作（例如聯華電子股份有限公司），並藉此強化學生的產業經驗，經常帶著學生參訪多家公司和單位，以增加學生的實務經驗。陳老師也曾擔任政府單位的委員，提供相關政策的建議，參與政府單位的委員，並期望能積極提供相關政策的建議，更擔任SSCI/SCI國際期刊編輯和審查工作。除了積極參與多項學術活動外，陳老師也協助舉辦國際

研討會。

五 產學合作 ── 新挑戰創造新高度

陳老師分享有一次帶研究團隊時，學校規定申請時需要繳交研究團隊資料，陳老師帶領的研究團隊名為beyond Extreme，但是學校不清楚名稱的意義，將它翻譯成「超越極限」，然而真正核心的意義是：「因為我們中國人講究返樸歸真，也就是說到達極限過去之後就沒了，所以再過去就是從頭開始的意思。」通常中國人的極限值為99，99之後便回到了1，99歸1再開始一個新的循環，所以超越之後應該是回到原點，目的是大家自我反省的意思。

陳老師當初申請PBL課程這個案子的時候，目的是為了做決策支援系統。一開始是介紹給學生們理論和實務，可是學生往往花很多時間去談期末報告可行決策的內容，於是在這門課就會花費一整個學期跟這位學生討論，然而到最後卻沒有時間開發系統。

陳老師提起業者曾主動聯繫他，關於發展程式設計機器人的想法，業者的本身的觀念是希望能透過合作，幫助他將概念轉換成程式，只要給一些表單，輸入之後就能形成一個正式的程式，這便是程式機器人的概念，等於是將程式編輯與相關的模組架構全部模組化，從輸入端輸入的同時便能產出程式。原先業者跟陳老師說明時，老師還半信半疑，但是看了業者的投影片，發覺有機會能實現，所以決定

參與這項合作，將這個案子跟課程合併後申請計畫。後續課程結束後，依實驗結果來說表現的不錯，但是距離產品商業化還有一段路程，陳老師認為如果能搭配相關課程，再將它接續下去的話，也許在創意產品的商業化過程中，完整度就能提高。

好在學生們反應不錯，接受度很高，這也反映在陳老師優秀的評鑑成果。雖然課程對於師生來說十分操勞，學生們也經常抱怨，但是正因為雲科大的學生自我素質高，面對高難度的挑戰便能有所認同。陳老師發現在雲科大導入新的做法非常良好，學生也願意接受挑戰，所以在課程內容檢討時也相對起勁。

六 翻轉教學 —— 課堂間的創意流動

當初陳老師開設PBL課程時，是希望讓學生們有創新創業的能力，並把創意表達出來。陳老師也經常思考如何幫助資管系學生產生一些新潮的點子，這個部分花費非常多功夫，包括每一次下課後的額外輔導，大概從期中就不斷地輔導到期末，學生們才能想到一些不錯的想法，然而這對陳老師來說負荷很大。

提及創意激發的例子，陳老師陳述當初發現一些家族傳承的事業，以墓誌銘（墓碑上描寫死者的簡介）為例，在簡介上擁有一套標準系統化模式，基本上只要把個人的資料輸入後就可以產生墓誌銘。假設學生能把它建構起來，或許能成為一個很有意義的網站。現今世

代的觀念轉變很多，墓誌銘不再只是逝世後才能刻下，在年輕時就能為自己刻下墓碑，由自己書寫自身的過往，將墓誌銘變成一個帶點趣味，也證明價值觀逐漸改變的產物。

根據這樣的模式，在學生產生具體作法後，要如何將創意轉變成創業的基礎？對陳老師來說，是一個last mile。包括很多人會製作基地臺偽裝，甚至在某棟公寓租下一層樓，利用該層樓的窗戶做出某些偽裝，從外觀上看不出來，更有人透露在合歡山最高點上，也有一棵偽裝成基地臺的樹，加上沒有障礙物，所以更容易掌握資訊。以上諸如此類的創意，陳老師在力求學生創新時，便提出該創意不能輕易在Google中搜尋到，才能代表這是一個具有創新價值的概念。

七　推動課程的建議

對於未來是否繼續推動PBL課程？陳老師表示這項計畫雖然辛苦，但是PBL課程評價非常好。現階段面臨的問題是教育部經費在使用上有限制性，在陳老師的觀點中，希望教育部在推動案子時，能按照不同課程的需求，包括軟體的版權費給予彈性的經費編列，不然以目前的階段是完全沒有辦法作業的，如果不能得到一個良好的運作機制，推動上會有障礙。陳老師希望大家能一同討論能改進的部分，增加更多彈性的做法。

八 織出莘莘學子的創業夢

陳老師提及這門課，其實是開授給資管系大學部的課程，因資管系修課人數眾多，教室較沒有多餘的位置能提供給外系同學，所以零星選上陳老師這門課的外系同學，除了需要面對陌生的環境外，甚感覺這門課是要編寫複雜程式的課程，多少會有一些距離感。當然歷屆皆有他系同學來修課學習，但就比例上較低，陳老師表示若能針對應用類或基礎類課程，給予大家互相交流的機會，談談看之間是否有銜接的可能性，或許能成為一個不錯的群組課程。

回到陳老師原先的想法，第一點，創意的部分，學生透過這門課或許會有不錯的想法，若搭配更多的課程與輔導機制，適時的幫助學生激發創意，便能成為一種習慣；第二點，嘗試創業。創業需要非常多育成的過程，包含初步雛形的點子之外，後面還會面臨真正創業的資金問題與營運問題等，若能將課程加入創業的元素，對學生來講，就能形成一個帶狀課程，更有延續性。

陳老師建議資管系大學部的學生，現實中的創業相比其他管理學院科系的學生更要來得容易。除了擁有技術能力、創意能力和掌握營運的方式等，若能將整個管理學院，甚至跨院到不同科系，將大家圈起成為團隊平臺，一起跨域共學，或許能激發出更多能量，未來發展的空間就能更加寬闊。

九 教學相長，培養創意實踐家

　　陳老師認爲自身邏輯較爲單純，舉科學家愛因斯坦曾說過的名言：「想像力比知識更重要。」小時候總是充滿想像力，長大後想像力卻逐漸減弱，原因是因爲事事著重知識和邏輯，忽略了水平思考。陳老師認爲創意發展成熟後就能變成知識，所以對於改善下個階段的生活品質來說，最重要的還是在創意的部分。陳老師開授的這門課，主要是希望讓學生能面對生活中的問題，或是想辦法爲已經接觸到的狀況提出資源的改善，讓學生能體會生活周遭還沒有注意到的事物，活用課程的知識與技術將其問題解決。

　　在接觸這些過程後，學生在心態上便能產生「創業並不困難」的想法，若在教學的過程中，能夠在各方面融入更多創意思考，讓學生培養創新的能力，甚至真正落實到商業價值，或許能培養出對社會有貢獻的人才。對陳老師來說，這份工作直接性的面對即將就業的學生們，無論是大學部或是研究生，陳老師總是期望能透過教育，爲他們增添更多附加價值，而「創新創業」便是陳老師認爲目前最能提升學生自我價值的好點子。

第四章 共學共遊：互動的設計課 ——陳詩捷老師

採訪撰文：李佳蓉

一 學術背景

　　陳詩捷老師任教於國立雲林科技大學工業設計系，現爲助理教授。專長領域爲產品設計、互動介面設計、體驗設計、服務設計、人因工程。大學及研究所皆就讀大同大學，畢業後即進入大同公司工作近八年，青春歲月都在大同中度過，連本人都笑稱自己是純正的大同

人！後來因家庭因素，陳老師回到中部從事文具產品設計的工作兩年多。

之後由於個人生涯規劃，決定至國立臺灣科技大學就讀工業設計博士班，前後共六年，主要修習學界相關事務及更深入了解研究程序。陳老師在碩士班時，主要是偏向互動及觸控式設計研究，而在博士班，則是探討虛擬環境中的尋路策略研究，除了擁有工設的底子之外，更有互動設計的背景。先前於大同公司的職務為互動介面設計，在中部順德公司則是負責產品設計，可謂軟硬通吃，產品外觀造型以及軟體介面互動程序皆有涉略，如此專業的背景讓陳老師在教學之路上，擁有豐富的知識能夠授予學生。

陳老師透露念博士班，主要的原因是想回歸校園從事教育工作。在社會打滾過的經驗，發現自己依然想要回到最初的起點。而在雲科大任教前，經歷一年的兼課，五天分別在中部四個學校上課，格外能體會專案、兼課老師的辛勞。

二 主軸課 —— 介面設計與產品設計

雲科工設的大一基本設計，每年都會配合校慶在中軸道進行大型裝置藝術創作，是陳老師與系上其他兩位老師合作指導。另外更投注在介面設計課程，陳老師是這個領域的專業人士，對於互動介面設計十分熟悉，也帶領學生習得設計方面需要的方法。未來有機會想在研

究所開設調查研究的相關課程，不過老師才剛正式受聘為專任教師，還需要時間規劃。

　　另一方面支援大陸專班的課程，主要教導產品設計課程，將產品設計的流程，從概念發想、草圖、建構模型、製作草模，到設計完成一個作品。通常系上每位老師必須負責某個年級的主軸課程，也帶領專題生進行畢業製作、研究生進行研究。今年陳老師正式受聘為專任後，接替一位借調至環球科大的老師，協助完成專題製作，將自身的經驗及知識傳授給學生，引導學生把構想與實作結合。

三　移地共學 —— 活躍上課氣氛

　　陳老師對於移地共學這門新興課程非常滿意，言詞中對於講堂內容讚譽有加，特地分享了講師的演講內容。例如：講師觀察到陳老師沒有注意到的細節，課程活動進行到需要填寫表單的階段，學生們根據講師的要求先繪製出一個6乘6的矩陣，橫縱的第一個欄列均個別填入資料，之後講師期望能將這25格矩陣全數填滿所發想的概念。每組都必須在時間之內完成創意發想，趁機觀察不同的組別的團隊合作，就會看到很有趣的差異，有些組別就是按部就班地依序進行一格格的發想；然而有些組別則是跳躍式思考，想到什麼就寫，課堂中這樣的小細節是需要仔細觀察才能注意到。

　　經由講師的帶領，陳老師了解到，除了要仔細觀察學生，還需要

隨時應變，才能讓師生互動運行更順利。與傳統教學劃分，不是只在工作坊看學生做事，而是「看出學生的差異，點出學生目前所遭遇到的問題，最後做一個歸納總結。」陳老師表示，不只自身獲益良多，學生對於這堂課程回饋非常熱烈。這堂師生間有實質內涵的討論與有貢獻的分享，是陳老師獲得的快樂泉源。

透過移地共學講堂，陳老師也有所收穫。「學習操作課堂間的氣氛，適時地安排與學生間的互動，盡量的符合學生的需求和期望，把教學目標及實際的上課情形做一個平衡。」有時在課堂上會不自覺地越講越多，不只有課堂進度的壓力、工作坊的時間壓力，甚至是必須在這段時間內展現某些成果，然而還是需要傾聽學生的心聲。有些同學課堂專注力不夠，或是故意離講者較為遙遠的位置，這時就要多多關心或提點他們。

而每個人的思考速度有快有慢，有些人會循序思考問題；有些人則是很容易天馬行空，難以抓回正題。對此陳老師有個方法能處理，就是設計幾份學習表單，透過表單進行驗收，學生就能寫出與主題相符的內容，更不至於隨意應付。給出一個明確的規範，再將收集到的資訊加以整理，這樣有思考過程的資料才適合被使用。設計講求創意，但天馬行空的想像還得要有實際的產出結果，回歸到設計層面，而不是隨意應付。

現在的陳老師學會聆聽建議、激勵不同的對象，這部分靠的是臨場反應，以及經驗的累積。雖然同是教導設計方法，但每一屆學生都

不一樣，「因材施教」這時就派上用場。

　　透過共學產生的效益，帶來許多優點。在共學之中，陳老師很明顯地感受到前後上課氛圍的不同，並更加肯定轉換環境這件事是有必要的。陳老師指出：「移地的話，桌子在整個場域中是有布置過的，但在學校只要麥克風一舉起來，大家都不願意講話，甚至是不敢講或是不想講。所以我認為適時的移地換個環境，心境就會不一樣了。」陳老師將參加講堂的經驗轉換到自身的課程中，某種程度上與共學的內容產生一些連結，真實地感受共學的美好。

四 教師共學── 共同成就彼此

　　陳老師在共學的過程中認識了不同系所的老師，更在教學上發現老師們遇到的狀況皆大同小異。藉此交換經驗讓彼此交流，來解決一些狀況。例如：觀察一些小細節並調動突發狀況，或是有更佳的方式與同學們互動，適時地使用好的手腕策略，就讓課堂討論保持熱絡。能夠認識不同的老師，並將不同需求拋出，並可交流分享，甚至學習到其他老師的課堂經營經驗，這便是教師共學的好處。

　　陳老師提到，現今許多人在玩的樂高，使用在課程上也能增加趣味性。工設系學生是高中職學生混合，學生程度不同對於圖學轉換的概念便相對不清楚，所以陳老師在課堂上買一組樂高，專門給學生使用，方便建立3D視圖的概念。學生對於樂高愛不釋手，在享受親自

組裝的歡樂過程後，透過樂高就容易和同學討論每個正視圖、側視圖和俯視圖，並在繪製產品的三面向時更有概念，藉由實體的方式便不需憑空想像。陳老師也分享在課堂上玩的一套名為「現代藝術」的桌遊，內容是關於拍賣交易相關的經濟議題，他將這組桌遊推薦給財經系老師，望能使課程更加多元豐富，並儘量找尋適合的教法，輔助學生，也達到了寓教於樂的效果，這部分是陳老師提供給其他系老師的共學經驗。

而另一個共學經驗，則是與林蘭東老師合作帶領學生參加「校園圓夢計畫」競賽。陳老師表示，基本上設計類的項目包含許多不一樣的案子，像是醫療文化的基本產品設計、體驗設計，或是現今的服務設計等。他與蘭東老師討論到「學生想要解決pm2.5的議題，然而設計對於空污的監測、或是材料技術並不熟悉，所以從議題出發，找出適合的老師來幫助我們，跨領域合作或許這部分就能幫助學生往前走。」以上都是共學之後的發現，在短時間內，能有效率地幫助同學，成效遠比一年半前的專案來的高。

陳老師也認為跨域合作的部分，教學卓越中心提供了非常好的平臺。當時陳老師帶了工設系的必修主軸課，師生討論時間長，且還有校院系上的庶務，並無心力去修習自我成長，因此那時陳老師與其他系、甚至是本科系的老師甚少聯繫。

而受益於此平臺，將老師們圈在一塊，除了認識彼此之外，也傳遞了各自的學習目標及理念，形成一個教師共學的目的。陳老師認

爲集合大家是一個很好的契機，若是沒有主動召集，老師們是很難一塊合作的。如今陳老師很高興在共學的機會下，既能沉澱心情也能玩樂，且服務又優質，他希望未來能繼續舉辦相關教師共學活動，邀請其他老師共襄盛舉。

五 跨域合作 —— 找尋設計中的社會責任

　　陳老師以自身舉例：「我與思聰老師是室友，他跟我分享他幾乎每一門課都是合授的，意思是兩位以上的老師去教同一門課。最有趣的是，他的繪本課是一個外語系的老師來幫忙教導文學寫作、創作，他則教導繪本設計。」所以老師計畫做合授課程，與資工系老師合開介面設計課。跨域學習的效果對於學生有實質的幫助外，老師間專業上不同的貢獻與交流，三方達成效益增倍。或許是與蘭東老師做比賽的合作，延伸成一門合授課程，又或許是引進專題部分，畢竟設計系學生在專業上的調研有所落差，像是食安議題等，跨領域的教學更能幫助快速切入主題，在進行議題論述時才能有更深層的思考。

　　另一個例子則是陳老師參與影像處理的課程。透過創立群組，串起了陳老師、思聰老師、明敏老師和芝勤老師。課程內容除了拍攝榮民之家外，更有食療部分等在地議題。自從參與這個活動之後，現場熱絡氣氛，與教師共享的成分便一直存在。

　　其實老師們也想負責社會責任這塊，例如，將社會責任融入競賽

是一個極正向的循環，並不只是基本知識傳遞，而是學生成為橋梁，在實作中，將社會責任傳遞給學生，使他們對於社會責任等經驗能不斷地累積，大家的責任心與態勢就能更美好。陳老師表示，若能呼應教學卓越中心的理念，則是再好不過了！

六 跨越時代的基本功

陳老師首先建議學生多閱讀，這是基本條件也是學生的本分。所謂讀書，不只限制於專業科目內，尤其在設計方面，更希望能挖掘出更多專業領域之外的事物。科技日新月異，獲得資訊的速度往往快速且容易，在這個時代選擇有興趣的讀本，才有機會與他人接軌。陳老師也會善用個人時間多讀一些書，像是資訊架構、區塊經濟等類型，雖然與自己的專業背景有所差距，但他相信這塊領域或許跟服務相關，例如：最近的無人商店與物聯網的開發，必須敞開心胸去適應，並從趨勢中找出與之結合的連結。

第二件事是多多練習寫字。在手機、平板盛行的世代，寫錯字是最大的通病。陳老師擔心再這樣下去，學生們對於字的認知會退化，因此在這學期上課時，陳老師請學生手寫筆記，讓他們練字，然而時常發現學生直接拿起手機查詢字怎麼寫。陳老師也承認自己有退化的跡象，希望在這樣的練習下，各自都能將字書寫正確。

而與人溝通之必要條件是說話與快速寫字。世代差異下，除了增

強能力外，態度也必須展現出來。何為態度？謙卑為態度。「半瓶水，響叮噹」，學生們要謹記不能過於自滿，這個社會應是相輔相成的，世界之寬廣，人才更是輩出，一定要時常保持良好的態度。

　　最後是禮貌，並懂得尊師重道。陳老師身為兩個女兒的父親，對於家庭教育的首要就是要懂得禮貌。在社會上許多家長因忙於工作，經常以彌補心態過分寵溺孩子。倘若交代學生的事務沒有完成好，陳老師會略帶嚴肅地指正他的態度。愛之深、責之切，陳老師期望訓練出來的學生，能夠成為未來社會上最頂尖的人才，並希望90後的學生謹記這四大觀念：閱讀、寫字、良好的態度及尊師重道。各行有各行的專業，懂得尊重彼此，才能促進社會的美德與善良風氣。

七　回饋自己與學生的話語

　　陳老師直白地說出目前明確的目標是通過升等。「那是一種壓力，但我勇於接受與挑戰這種壓力。」在臺灣的現況是必須在六年內升上副教授。在上課之餘，還有其他行政外務要處理，相對少了一些個人時間準備升等論文。然而每個人追求的目標不一致，陳老師認為身為教育者首要還是把學生教好，並對於六年內升等非常有信心！不管何種升等方式，對陳老師來說都是一種能力的肯定。

　　「先要求自己，再要求他人。」是陳老師暗自在內心下的標語。不論是幾點的課，陳老師一定準時到場，以身作則。與同學約定好的

時間假若更改，卻沒事先提出，陳老師會生氣並告誡學生，因為尊重他人就是尊重自己，也顯現出看待事情的態度。他認為學生也會考核教師們在教學上的貢獻，會因老師的表現，展現出不同的態度。

　　陳老師肯定留在雲科的老師都是相當地努力，在工作範圍內積極地做事與參與各項事務。不過陳老師承認，心中仍渴望擁有個人空間與時間。學生和老師各自有不同的壓力，若能適時地解放壓力，事情沒有過不去的，也期許同學能增強內心的抗壓力。

第五章

創新教學——專訪好學務實的 黃永廣老師

採訪撰文：李佳蓉

■ 勤奮好學——軟硬體的科技背景

黃永廣副教授本身是香港人，從香港華仁書院中學畢業後，至加拿大多倫多大學主修Computer Science，之後至美國德州大學奧斯汀（Austin）校區計算機科學研究所攻讀碩士及博士。學成後，到國立雲林科技大學電子系服務，從民國82年至今。黃老師的專業領域為

物聯網、機器人、人工智慧、機器學習與數位學習，目前亦擔任工程科技菁英班系主任。

基於Computer Science的專長，黃老師早期教授的課程多為軟體部分，像是人工智慧和程式設計。大概在6、7年前，黃老師意識到若要提升學生未來就業的競爭力，系上需要加強硬體課程，像是物聯網、硬體驅動程式以及處理器部分。秉持著一份想要幫助學生的熱忱，黃老師認為，若系上乃至社會需要這項技術，自己必須率先去學習，勤奮的黃老師於是展開了一個沒有止境的自學之旅。

黃老師認為現今網路十分發達，要學習一項技能其實要比以前輕鬆不少，例如：在網路上就能瀏覽全世界大學的網頁，可以從中選取適當的教材在研究室試行看看，成功後便可將這些教材帶入課程中。課程便是這樣一步一步從零開始建立起來。黃老師「活到老，學到老」的終生學習精神，令人敬佩。也由於黃老師不斷地鑽研與學習，今日的電子系擁有很多豐富的課程內容。

二 介紹小玩具 —— 平衡車的功能

黃老師受訪時，為我們展示一款新型有趣的小玩具 —— 平衡車。這堂課主要是講即時嵌入式系統，是一門研究所的課。板子使用的處理器是ARM cortex m4，類似於手機上使用的處理器。平衡車是運用三軸加速度計和陀螺儀做輸入控制，並利用體感感測器，讓陀螺儀和

三軸加速度計感受它傾斜的角度，最後使用驅動馬達讓玩具車能前後自動平衡。三軸加速度計就是xyz三軸，三軸間各軸的傾斜度加上陀螺儀角度的變化速度，藉由角度變化速度積分得出角度的訊號，就能利用三軸加速度計得出的角度，再加上陀螺儀得出的角度，製作出一個互補濾波器，將兩個來源不同的訊號相加就能將雜訊濾掉，此時就可以得到最精確的車體傾斜角度，再控制馬達讓車體恢復平衡。

　　透過這個有趣的實作課程，學生們可以學習到馬達的控制、感測器的讀取，以及驅動程式的作用，也更加了解工程系統整合的做法，這些都是業界非常歡迎的能力與技術。黃老師認為：「太過理論而沒有實作的能力，廠商可能會認為我們有學用落差。如今我們補足實作的部分，那學用落差這個問題就被解決了。」為了讓學生不只是吸收課本上的知識，更能實際動手操作黃老師很積極地為學生尋找各種實作的題材與活動。

三　跨域合作 —— 團隊合作力量大的程式設計

　　現在是講究跨域合作的年代，帶領一群不同領域的同學團隊合作是一個挑戰。黃老師也跟上跨域合作的主流，他很興奮地介紹行動裝置應用設計這門很特別的課程。「這門課原本都是以純工程的角度去教，就是寫Android作業系統程式Java。大概在四年前左右，科技部有一個推動創新能力和工程教育改革的小組，邀請全臺大專院校申請

研究計畫，很多頂尖大學都提了研究案，我們也鼓起勇氣投了研究案。那次主題就是跨領域整合工程，我們嘗試讓設計學院的學生和工程學院的學生，利用整個學期合作完成一款手機遊戲，以此整合工院同學撰寫程式的能力，以及設計學院同學企劃與美術創作能力，甚至是音樂創作與編排的能力。這個計畫帶出了一個跨域學習及跨域教學的模式。」黃老師與另外三位老師很幸運的通過三年的科技部跨校整合計畫，這三位老師分別是技職所研究所劉威德老師負責評量學生學習成效的部分、數媒系楊世勛老師負責遊戲美術的部分、以及明道大學的殷聖凱老師負責遊戲企劃的部分。

面對三門課程、兩所學校的學生，如何整合與運作是一個艱鉅的難題。「我們使用PBL教學法，合作的方式就是三位老師各自在自己的校系開設深碗課程，利用週末舉辦四個workshop（工作坊），大部分在雲科大舉辦，我們雇遊覽車載明道大學的學生過來，讓三個系的學生可以聚在一起訓練。」為了讓跨校的同學儘快熟悉彼此，老師們帶著同學進行了一個期初的破冰遊戲，接著讓同學組隊撰寫計畫、簡報計畫，由老師給予回饋與修正建議後，同學開始執行計畫。由於大家碰面的機會有限，平日同學就在網路上溝通互動。「像是本校設計學院跟工程學院的同學比較容易見面，那明道的同學就利用遠距的方式與雲科同學互動。至於期中的進度報告和期末的發表，則大家聚在一起進行。」

有了第一年的經驗，老師們在第二年做了一個大跨度的嘗試。在

寒假期間於雲科舉辦一個三天兩夜的工作坊，邀請明道同學的住宿費由計畫經費支應。透過這三天工作坊的密集互動，同學們很快的相互認識，開學後很快的進入狀況。黃老師與夥伴們很用心的舉辦四個週末的workshop。很感謝科技部在經費上的支持，讓這個計畫可以順利推動。

世事難料，計畫執行到第三年遇到了突發狀況。殷聖凱老師請調到高雄的正修科技大學，與雲科的距離相隔更遠了。經老師們討論後決議，第三年只由本校兩系學生合作，執行的方式比照前兩年。由於只剩下本校兩系學生參與計畫，2/3的課程兩班分開上，1/3課程兩系合上，如此一來，工程學院的學生可以學習到美術與企劃的觀念，而設計學院的學生也能獲得一些硬體與程式設計的知識。同年楊老師也爭取到高雄一家遊戲公司發表，學生不僅參觀業界的設備，也透過發表獲得資深經理與工程人員很多建設性的回饋。黃老師認為：「選一個對的地方發表，學生會更謹慎去把他們好的一面表現出來。」

透過結合實作的學習課程，嘗試與產業連結，讓學生提早做好職涯準備，顯然比紙上談兵來得實際多了。

四　創新企劃與科技結合

這個計畫有個意想不到的後續效應。有位學生在去年修完行動裝置應用設計這門課後，希望能透過同樣的跨領域合作模式，應用在畢

業專題製作上。這個專題由設計學院陳世聰老師指導，設計系的學生透過繪本介紹臺江公園黑面琵鷺的生態，而這位電子系的學生則發揮自己所長，運用虛擬實境的方式製作手機遊戲，比如說：「在繪本中出現一隻黑面琵鷺的屍體，這時應用App上傳一些顯示牠死去的模樣的圖片到自動學習的網站，網站使用這些圖片做訓練後，會讓使用者下載訓練好的模型，安裝在手機應用程式裡。」在閱讀繪本的過程中，讀者可以將攝影機對準繪本中有包括目標物件的圖片，手機應用程式會使用訓練好的模型找出圖片中的目標物件。根據這項技術，讀者就能在閱讀繪本的過程中，提高閱讀的樂趣和互動性。

「透過不同學院合作的專題，製作出的影像辨識功能，以後便能跟臺江國家公園洽談，看看是否能夠提供給遊客玩樂及使用。不過目前專題還在進行中，這企劃在數媒系畢業專題的審查結果名列前茅，這位學生計畫去報考數媒系碩士班，從電子系跨到數媒系，可算是生涯規劃一個很大轉捩點。」黃老師期望以學生本位為出發點，規劃讓學生感到有趣及挑戰性的課程，讓他們更有動力繼續朝這個方向發展。透過大學時期跨領域合作的課程與訓練，學生們能及早發現自己有跨域的能力，也開始思索自己未來可能的發展方向。

五 活絡課程，加強學生向心力

在教授課程的過程中，經常會遇到老師用心地在課堂上講得口沫

橫飛，臺下學生卻只滑手機的情況。黃老師提起他的解決之道，便是給學生一個清楚的課程目標，在簡單的講述概念後，儘量增加實作的部分，帶領學生動手練習與實作。黃老師認為單單只依靠講授書本的內容，沒辦法讓同學們思考，若能適時地留一些空間，讓學生在探索中產生樂趣，或許能讓學生們獲得更實質的幫助。

　　黃老師的上課模式為講授一小時或一個半小時的課程內容後，剩下的半堂課時間讓同學們實作去達到某項目標。在活動過程中，師生之間、助教與學生之間有足夠的時間可以互動，能更近距離的觀察學生的學習情況，不懂的部分也能立即獲得老師或助教的協助。

　　目前黃老師提供了講課的投影片與各式資料，將其放置於網路上供學生們參考。學生們聽課與閱讀講義後，便能開始撰寫自己的程式，製作出一些電路和車體機構。特別的是，將一些程式電路跟機械結構結合在一起，這項工作十分繁瑣，需要預先準備完善，另助教得事先做一遍，黃老師自己也得操作一遍，才得以應付學生提出的各種問題。許多課程中傳授的技術是參考國外網站的資訊，確定實驗可以順暢進行後，黃老師再將困難的部分抽出，最後將其編寫成適合系上學生程度的課程。

六　握緊時機，搶得先機

　　勤奮好學的黃老師希望能學習一些更實用的技術，進而傳授給學

生。這幾年下來,他深刻地感受到,這些認眞參與課程的學生畢業後,因爲學到多領域的技術,獲得廠商的青睞。原因是當公司需要這類的技術,但公司裡卻找不到了解這個技術的工程師,剛好從系上畢業的同學擁有這項技術與能力,這個時候他們的價值就被凸顯出來,此時便是綻放光芒的時機,也往往能深受單位器重。

黃老師認爲多學習不同的技能,當有契機時,若能將這項技能好好發揮,自我價值就能提高,未來發展就能更有優勢。因此,平時就必須要準備好手中的武器,當機會降臨時,隨時都能提槍上陣。

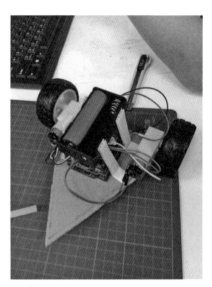

▲ 學生原創設計的沿線走自走車

▲ 學生手工打造的四足機器人

▲ 2019校慶時，於雲盟湖畔舉辦之手擲飛機比賽：黃永廣老師、王健聰院長、
活動總召蔡承哲

▲ 學生沈佳緯、阮偉紘、許耕維設計之3D列印氣墊車

第六章 系統描繪「情境」 ——董少桓老師

採訪撰文：李佳蓉

一 豐富的人生進程

　　董少桓老師在美國拿下博士學位後回國，投入教學現場。在這二十幾年的教學生涯中，董老師看過了無數的學生，有獲得成就的，也有挫敗放棄的，考量到學生學習上的種種，便爲此建立一套新的教學方式。2006年，PLWeb這個專門爲了教授程式語言而設計的軟體系統正式誕生，同年也在「第十七屆物件導向技術及應用研討會」與

目前任職於資訊中心的媒體與服務組組長林宗德一同獲得了最佳論文獎。

透過這套系統，董老師帶領學生們在課堂上實際踏入程式設計的「情境」，讓他們藉由實際的操作來減少學生們可能感到的挫敗，加上反覆的練習，讓學生們從一開始的懵懂到熟練。而後，董老師更替他們開啟一扇扇不同的大門，讓他們知道，這條路不是只能夠一條路走到底，還有無數個岔路等著他們去挖掘自己的可能性。

董老師於大學時期的主修是經濟學，畢業後考上研究所，一邊在研究所進修，一邊在外打工。董老師提到，那是份在行政院主計處電子資料處理中心當電腦操作員的工作，而董老師把握住了這次機會，開始接觸與他以往所學不同的新事物，並在後來嘗試申請國外學校的資訊科系，也幸運地得到了入學許可。

得到入學許可的董老師，到了美國印第安那大學攻讀碩士，爾後到俄亥俄州的伍斯特學院擔任助理教授兩年，最後再回印第安那大學唸完Ph.D.，光榮歸國。

二 教授課程的考量

董老師擅長程式語言，教授的課程也與之相關。最初，董老師在大二開了一門課——「程式語言」，期望與日後一些相關課程有所銜接，使學生能逐步學習，精進自己的相關能力。然而，才剛開始董老

師就發覺學生的程式設計能力有所不足，經過一番思考，董老師決定改到大一教授基礎的程式設計課程，以利日後課程的銜接。偶爾空閒時，董老師也會到研究所，教授學生們進階程式設計方法的課程。

對董老師而言，無論是大學部、二技還是研究所，都應該擁有最扎實的基本功，而後逐步向上學習，把每一步吸收而來的知識經驗全都化爲自身的能力。

三 創新的教學方式

擅長程式語言的董老師，其所教授的課程都是與程式設計的相關課程。董老師遊走在這些課程之間，逐漸找到一套屬於自己的教學方式。提起自身的教學方式，董老師將之劃分爲兩個階段。

在第一階段，董老師使用problem solving的方式在教學，由董老師先講解範例，再請學生實做與範例類似，卻需要有所變化的題目，等學生練習之後，董老師會再講解一個新的範例，再讓學生做下一道題目，如此反覆。

接著第二階段，這時由於資訊科技在許多方面的發展已經達到相當程度的成熟階段，例如：Web與Java。董老師說：「那時候有一個用Java撰寫的開放原始碼編輯器叫jEdit，也有一個技術叫Java ap-plet，即是說，可以透過下載的方式，下載一個可以在local端跑的程式，當時我便有了個想法，請學生去研究jEdit，看有沒有可能讓它

變成一個可以下載執行的程式碼編輯器。」經過一番努力，董老師的學生做出來了，他使用的不是applet的方式，而是Java web start的方式，即是上網下載編輯器，將每堂課所要教授的學習環境——包括練習題、說明與測試案例——全部都預備好，「我們的第一個版本是2006年出來的，到現在也有12年了」，有了這個系統，不只董老師在教學上提高了效率，也提升了學生們學習的興趣，董老師將課堂上要給予學生練習的題目都放上了這個系統，讓學生能夠透過系統練習題目，提升他們實際寫程式的能力。

1. 適當的教學方式

董老師認為，在教授程式相關課程時，引導學生進入一個適當的學習情境是很重要的一件事情，「其實教科書很多內容都是在講這個情境發生的事情，學生不進入那個情境，就不太能夠了解這本教科書所要表達的是什麼。」與程式相關的教科書裡頭，學生很難了解那一個又一個專業的字彙，每一個字彙的意思都需要一個情境才能夠被學生吸收、才能夠讓學生真正了解它的意義。

在程式語言這方面，有學者研究這部分的教學方式有幾種類型：純粹講授、獨自看書、課本練習、投影片放映，而在這幾種類型中，講授跟投影片的效果最不佳，練習題目則效果最好；因此董老師說道：「這其實也就是我的理念，有的時候，不把情境給學生，學生就無法吸收，而我的這一套系統就是在幫忙學生早一點進入這種情境，

那這個情境是什麼？這情境實際上就是寫程式、跑程式、看程式有沒有錯誤訊息等等。」

2. 建立學習情境

　　建立好一套系統並於課堂上使用後，董老師表示，學生因而能更容易進入那個情境，不會再像過去學習時那般容易遇到「進入情境」的挫折，畢竟電腦的系統容易出些不在意料之中的問題，但學生們既然要學習，又怎麼可能完全避開這些問題？舉凡裝軟體、對電腦下指令，這些過程中，有的時候容易出差錯，學生們一旦遇到了，因為沒有經驗，又正值學習中，幾次下來容易產生挫折。

　　而建立這樣一套系統，不只能夠讓學生學習與練習，也較能夠減少這樣的狀況發生，因而董老師認為這樣的一套系統是必要的。

3. 系統的開發

　　這樣一套能夠在教學與學習上帶來一大助力的系統，它的最初構想來自於董老師，而之後的一系列開發，則經手了不同的人。

　　董老師說：「最先是由沈維倫同學開始做，我先讓他知道我的想法，也告訴他改寫jEdit這個開放原始碼編輯器，讓學生在練習上變得容易，這個研究生聽了便開始做這方面的研究，接著這個系統所需要的，能夠由網站下載整套練習題的編輯器就完成了。」

對於最初編輯器的功能，董老師十分滿意，認為這個系統絕對沒問題！帶著自信心，另一組專題生接手了這項工作，開發了一個原型，但董老師認為這樣還不能夠真正上線，於是又找來了資訊中心現在的組長、也是當年董老師博士班的學生林宗德，董老師將這部分的相關資訊告訴他，並把這套系統命名為PLWeb，而他也接手讓系統能上線使用，之後也一併完成了博士論文。

「PLWeb後來又再經過了另一個學生林彥宏的改良，完成了系統中支援多語言與出題的功能。接著在2014年又由林紹陽完成了考試系統。」

最近又有陳盈如、郭旻諭、陳明仁、賴玄幾位同學與董老師一起使用較新的網頁開發技術改寫整個系統，讓系統的功能、易用性與效能更加的提升，為了能夠讓系統更完整、更能幫助到往後的教學與學習，董老師願意付出更多的心力，努力讓它更完善。

4. 一套系統誕生前的考量

提到建立這樣一個教學系統，董老師表示，這其實從來都不是一件簡單的事情，除了自己自身的能力以外，還要碰到相當不錯的學生，才有辦法去付諸實行，倘若沒有碰上適合的學生，即使再有想法，非商品化的東西如果沒有大量的投資、沒有任何金錢來源，要找到一個願意來幫忙的專業人士是非常難的事情，更別提有的時候即使資金進來了，也可能找不到適合的工程師來做。

　　雖然有著種種的考量，但董老師還是建立了這樣的一個平臺，「我覺得我相當的幸運，我們學校有很多很棒的學生，剛剛提到的宗德、彥宏、紹陽都是非常優秀的程式設計師，就現在來說，能夠開發軟體的工程師對任何機關組織或是學校都非常的重要，舉例來說：現在的教卓平臺或是高教深耕計畫，若沒有軟體的支援，這些計畫的推動與執行會困難許多，為什麼？因為太麻煩，太多行政程序的問題會浪費許多時間，但現在有這些軟體的協助就方便了很多，這是為什麼軟體那麼重要的原因。」

5. 向外推廣

　　董老師提到，在最近幾年，新的網頁開發技術的成熟，讓上網練習寫程式成為可能，再加上美國的推動，使得世界各地，包括臺灣，都在推行程式設計。「coding這件事情突然之間變得非常熱門。」事實上，董老師也在其他學校推廣這套系統，董老師提到，過去曾有一些校外老師使用PLWeb教高中生；而虎科大、嶺東科大及中正大學，也都是PLWeb長時間的用戶；也有一些系上畢業的學生，在就讀中山、中央的研究所時，將這套系統介紹給他們的老師，讓這些老師也想開發類似的系統來教授程式設計；而最近臺東縣政府也使用這套系統開設軟體設計人才培育課程，來協助臺東市及臺東縣偏鄉地區的居民提升程式設計的能力。

6. 課堂回饋

　　對於課堂本身，來自學生們的回饋各式各樣，有的學生十分習慣董老師的教學方式，即課堂上講解較少，而學生必須自己使用那套系統，自己動手練習董老師設計的循序漸進的題目。這些題目，有些是填空題、有些含有董老師提供的部分程式碼，讓學生將那些缺空的地方補上所需要的程式，透過這樣的練習，讓學生能透過實際操作，快速的獲得回饋，接著再讓學生完成完整的程式，因此能減少他們在學習上可能面臨的挫折。

　　除了正向的回饋，董老師也收到一些學生表示自己跟不上進度、認為董老師講課太快，董老師表示，由於有些學生會覺得速度太快，這讓董老師開始思考起，該如何一方面照顧到學習成效較佳的學生，讓他們不會覺得無聊，一方面又照顧到那些程度比較弱的學生，「好在，我們系的四技有開三堂程式設計的課，都是用不同的程式語言去學習，讓學生有充分的機會去學習邏輯、程式撰寫或是一些需要更加熟練的部分，而這些課程可以彌補一些在大一上就覺得跟不太上的同學。」

7. 補救教學

　　關於補救的方法，董老師提到，最好的方法還是能有效的督促學生趕上進度，之後才是課輔。

　　「我記得有一年，應該是2013年的時候，可能是因為其他的課程太過繁忙，或是其他原因，學生考試的成績與之前有明顯的落差。而那一年，我們的教學系統還不支援自動化的上機考試系統，所以我沒辦法常常考試督促學生。」那一年，董老師按著往常的進度，一學期考三次考試，卻發現第一次考完，一班學生就有將近一半跟不上進度，「還好剛剛前面曾經提到過的林紹陽同學，幫我把自動化的上機考試系統做了出來，讓我在以後，一學期可以考五到六次的考試，大概三個禮拜考一次，讓學生必須跟上進度，這就有了相當程度的改善，因為程式設計這種東西就是這樣，如果剛開始沒有跟上，後面就沒辦法了，它是銜接性、環環相扣的。」所以，使用自動化的上機考試系統，每三、四個禮拜就讓學生考一次試，董老師認為是有必要的，透過這樣密集的考試來督促學生即時反覆練習、複習，能夠大大提升學生們的學習成效。

8. 永不受挫的堅韌

　　董老師認為，學習程式設計，難免受挫，「我記得我大學的時候，學Cobol跟Fortran，看完老師在黑板上寫的東西、聽完他講的內容，我還是完全不知道老師在說些什麼，直到後來我自己看書，然後實際操作，真的實際寫程式、跑程式，我才終於明白老師當時說的是什麼，也發現自己為什麼當時會聽不懂。」這便是董老師一再強調的，必須讓學生進入的「情境」，老師在臺上授課，講的就是那個情

境下的內容，可是一旦學生沒有進入那個情境之中，學生就聽不明白老師講授的內容，務實致用的重要必須要經過實際的操作，讓學生實際寫程式、跑程式，學生才能眞正了解那個情境是什麼，一旦缺乏了情境，無論老師講授的再多，學生也難以聽明白。

因爲這樣受到挫折的或多或少有一些，有的學生甚至在受挫後，因而產生了自我偏見，認爲自己不適合這一條路，對於這些學生，董老師認爲，其實只要他們再去學一次就會發現一切都會好上很多。董老師說道：「我那時候系上就有一些學生，第一次被當掉，第二次卻拿了高分，考了九十幾分；也有第一次、第二次都當掉，第三次就拿了八九十分的。」

程式設計是需要時間練習的，董老師強調，有足夠的時間配上充足的練習，絕大多數的學生都能學得很好。董老師甚至還舉例道：「這絕對比英文好學多了，完全可以用coding camp，也就是訓練營的方式，三到六個月搞定這些東西，但是沒有人可以三個月就學會英文的，有的人甚至學了二、三十年都不太會，因爲自然語言太細膩了，但程式碼就單純許多。」

9. 期望學生成長

在這麼多年的教書經驗下來，董老師看過了各式各樣的學生，在這條路上，有些學生資質上就很適合，也有些學生內心很是掙扎。「在我看了這二十幾年來，確實會很清楚的看見，不是每一個人都適

合走這一條路，所以我會拉一個過關的門檻，學生通過後，他便可以繼續往軟體工程師這條路發展，若是不適合，資管系還是有其他路可以去走、去闖。」

無論是哪一種，在董老師心裡，只期望著學生們都能勇敢面對人生道路上的每一項挑戰，打敗每一次的挫折，讓自己逐漸往上爬，成為自己想成為的人。

10. 程式設計的期許

現今社會，很多人開始推展程式設計，例如：美國總統歐巴馬、Apple的Steve Jobs、Google的CEO。董老師表示，他們之中都有一個共同的觀點，也就是程式設計是一個problem solving的過程，也就是訓練學生解決問題的能力，進而達到務實致用的結果。

「那要用什麼樣的工具來解決？剛好就是用軟體的方式來解決，這整個其實是一個過程，就跟開發一般的軟體一樣。有了疑問，便會想要知道這個問題該怎麼解決，比如說：以前不是用電腦來註冊，程序很多、手續很繁雜，現在我們可以透過電腦來把這個程序簡化，programming就是這裡面關鍵的一環，它必須把裡面每個步驟都說得很清楚，如此才不會出差錯，而這個『把解決問題的每個步驟都說得很清楚』的東西，就是一個problem solving的訓練，它是需要利用程式語言這個工具，才能夠比較精準的把解決問題的方式寫出來，一般的文字或是其他表達方式，比較缺乏程式語言的精準，所以我們主

要要訓練的就是這樣的東西。」

四 系統的期望

2006年，這套系統終於誕生，在董老師的印象裡，這樣的一套系統與練習導向的教學方式，在當時還很少，甚至可以說沒有，直到網路軟體技術的進步，開始有類似於董老師構想的系統出現在網路上，例如：國外的codecademy，這些都有資本家的投入，成立了一家家的軟體公司，可以照顧許多的學生，「我記得美國有一家軟體公司，它寫了一個系統照顧了美國很多高中生的教學，是一個很類似我們的東西，所以我覺得現在在程式設計這個教學系統上，已經進步得非常多了，也非常普遍。」

董老師認為，這樣的一套系統，可能還有很多部分不是每個老師都會使用的，也不是每個老師都知道如何運用這一套系統教學，或是該如何使用這套系統來管理經營程式設計的課程，「所以，如果真要說期許，不敢說讓臺灣很多學校都用，但我還是希望能夠讓更多的老師學會它、使用它，當然，這不是一件簡單的事情，畢竟每個老師都有固定的教學習慣，若要改變會是一件不容易的事，可是這個系統在訓練coding上面真的有它的效益，我還是會希望能讓更多人嘗試它、使用它。」

此外，董老師還提到了系統更新方面的進度，他說：「目前正

在使用更進步的軟體技術做整個系統的改寫，因為它的core大概是2006年第一個版本，2008年第二個版本，而我們在使用上面發現，當使用人數到一定程度，系統就會吃不消，等到這個問題解決了就可以開始大量使用了。」

　　後記：功能更完整，使用人數能大幅增加的新系統──PLWeb3.0，已於2019年二月正式於課程中測試使用。

▲ PLWeb3.0 2019年二月在課堂初次使用

▲ 在實驗室與開發團隊合影

▲ 與臺東縣長合影

第七章

通識教育革新：創新教學與互動
——劉雯瑜老師

採訪撰文：李佳蓉

一 多元的學術背景

　　劉老師畢業於雲科大資管所，於博士論文撰寫期間，曾將資訊科技帶進偏鄉社區，幫助當地學生學習，並運用資訊科技解決偏鄉問題，因此，劉老師在縮短數位落差及社區總體營造領域擁有豐富的實務經驗。

另外，因為劉老師於元培醫事科技大學教書期間，曾擔任教學資源中心主任，為了與校長共同執行「走讀臺灣茶」的磨課師課程，做了許多跨領域的知識技能精進，資管專業再加上這些跨領域的經驗，讓劉老師在得知雲科大需要「非典型」的教師後，就決定前往嘗試。

劉老師擁有多重領域結合的專業背景，在學期間學的系統分析、資料庫等資管專業，再結合縮短數位落差與社區總體營造的實務經驗，及在元培執行磨課師課程所習得的數位課程設計經營技巧、茶葉產銷技巧等，豐富的人生閱歷，讓劉老師的課堂內容多元有趣。

二 為學生實習的付出

來到雲科大，劉老師進入前瞻授課，起初，劉老師主要負責帶學生們的實習，將大把大把的時間都放在學生們的實習上頭，關於這部分具體的內容，劉老師說：「主要就是去跟學生談談他們的生涯發展是什麼？然後送他們到適合他們的產業界去，在實習的過程中，不斷跟他們談遇到了哪些問題？應該怎麼解決？最後再檢視學生是不是真的有朝他們想要的方向發展？如果沒有，那就再做調整。」

除了帶學生實習，劉老師還提到，他曾在前瞻學士學位學程開過「美學素養與產業提升」及「文化社會與產業發展」的課，更開了一門勾起學生學習興趣的「我車鋼筆我寫字」的通識課程。

三 「我車鋼筆我寫字」開課契機

　　正式進入雲科大前瞻學士學位學程任教之前，前瞻學士學位學程舉辦了「環島職人」的活動，劉老師受邀一同前往。在那次活動中，有個令劉老師印象深刻的行程——「車鋼筆」，劉老師發現，學生們很享受「車鋼筆」的過程，每個人都陶醉其中，也都努力地想完成具有個人特色的鋼筆，這讓劉老師靈機一動，覺得這或許可以開成一門課程。

　　那次活動之後，劉老師一直在思考，「車鋼筆」這件事情本身並不困難，即使是沒有木工基礎的學生都有可能做到，若將它轉化成校內的課程，會不會引起學生們參與課程的意願？有了想法、有了動力，劉老師便立刻採取行動，劉老師先請一位學生去問同儕們的意見，令她訝異的是，同學們給予的回饋都相當正向，希望此刻能夠開成的學生占了多數，這讓她感到興奮，便開始著手規劃課程。

1. 思緒紛雜的前置作業

(1) 「寫字」的訓練

　　考慮到光「車鋼筆」這件事不足以形成一門通識課程，劉老師轉而思考：那是不是能讓學生們用自己做出來的鋼筆來練習寫字呢？關於這方面，劉老師說：「那時候想的是，現在的學生都不太會寫字，可是現在寫字這件事又很紅，我在網路上看到有很多人都在寫字，甚

至鋼筆也玩到把鋼筆尖折彎，讓它寫起來有毛筆的感覺。」劉老師反覆思量過後，決定將這樣的想法與車鋼筆結合在一起，讓它成為一門全新的課程，開始嘗試起通識革新這件事情。

(2) 融入五面向之通識教育精神

劉老師又遇到了新的問題，這門課該如何符合通識精神呢？雲科大的通識課程必須包含人文、社會、美學、科技及產業五大面向的精神。劉老師提到，若單論課程，美學是有的，無論是車鋼筆還是寫字，跟美學都能結合起來；而為了跟產業有所結合，劉老師思考過後，說道：「後來，我決定跟他們介紹整個筆發展的歷史，在課堂的前面先大概說明筆是如何發展而來，怎麼樣最早從一個植物的木桿，到最後發展成現在的鋼筆產業。這是一個非常大的產業，然後它又衍生出墨水產業和現在的寫字產業。」

(3) 在地認同之情懷

而在人文社會方面，劉老師最初設想，是帶著學生到偏遠社區去做田野調查，而後讓學生書寫所到社區之感想，可劉老師又想：一個社區只去了一天，怎麼會對它有任何感覺呢？如此書寫出來的內容太過片面，並不妥當。幸運的是，當時剛好有個機緣，劉老師前去拜訪斗六市市長 —— 謝淑亞市長（現雲林縣副縣長），市長提到，在她任內這幾年，一直覺得有件事頗為遺憾，就是雲科大雖位於斗六市，但

雲科大學生在斗六讀了四年大學，對斗六市卻沒有太多了解，可能連斗六有什麼人文歷史都不曉得。市長舉例道：「跟他們提起斗六郡役所、雲中街或是三小市集，很多人不知道，也表示無感，他們就住在斗六，但他們對斗六沒有感覺。」因為市長有意推行花園城市，讓每個斗六市民都可以在自己家的畸零地或角落空地做些美化，讓整個城市更漂亮，因此劉老師有了新想法，認為與其去社區只待上短短一天，不如讓學生好好體會他們所待的斗六市是什麼樣子，讓他們好好感受生活中的美。所以，劉老師將花園城市的構想納入課程設計中，要求學生每週課堂外應花時間去感受斗六市的面貌，再於課堂上運用每週教授的寫字技法，以花園城市為主題，創作與花園城市有關的作品。

劉老師設計的這門課，除了符合通識的五大精神，讓學生學得產業知識、習得車鋼筆與寫字的技能，也讓學生從中悟得資訊科技發展對書寫工藝的影響、體驗工藝美學與生活美學、了解在地人文社會，達到跨域學習的目標。

2.「車鋼筆」之跨域實作經驗

(1) 傳統與創新思維之匯流

課程一開始，劉老師先請學生用衛生筷削出一支「傳統的筆」，也就是「最早的筆」，再將削尖的地方沾墨水（古代是沾有顏色的礦

物粉），學生便得以寫字。然後再請學生運用紙膠帶裝飾筆的外觀，讓他們擁有獨一無二的「傳統的筆」。之後劉老師介紹筆的歷史給學生，並開始教他們認識鋼筆的構件以及車工。劉老師特別請了前瞻學士學位學程的木工選手學生來介紹車鋼筆的流程、過程中需注意的地方，以及安全注意事項等。等到學生們都充分了解後，劉老師領著學生走出校園，來到位於嘉義的愛木屋木工教室實作「車鋼筆」。

劉老師在現場將學生分成兩批，一批先車鋼筆，一批則製作鋼筆皮套。提起那天的情形，劉老師回憶道：「由於兩批同學製作的速度不同，做皮套那邊有的學生做得比較快，所以先做完的就來跟我聊天，學生在聊天時提到，他們覺得過去的通識課都是老師講課，不是單純聽課，就是看相關的電影，幾乎沒有什麼實作的部分，學生們都說，若我們的通識課有很多可以實作，他們會覺得課比較有趣。那次聊天，讓我第一次深刻感覺到，通識應該要結合實作這件事。」

傳統的授課方式，都是老師站在講臺上講，學生坐在下方聽，尤其是通識課，幾乎都是老師臺上授課，學生臺下聽課。劉老師沒想到的是，這些看似平常的授課聽課傳統，對於現在的學生而言，其實相當枯燥乏味，比起只是從課堂上單方面接受知識，學生們更希望能夠多一點實作的經驗。

(2) 實作課程新思維

劉老師還提到，在最初選課的時候，有非常多學生希望能夠選進

這門課，但人數有限，最終只取了40人。劉老師特別說起第一次上課時的事情，她說道：「第一次上課時我提前到了教室，當時教室全部坐滿，還有人站在最後面，我感到非常好奇，就詢問了一下，哪些是有選到這門課的？結果發現，在裡頭的學生都是沒選到希望能夠加選的，問他們為什麼會想來？他們的說法是想要來做鋼筆，那時候我就在想，學生除了想上課，他們可能還想從課堂中帶一點什麼回去，不是只有想要帶知識，知識這種東西，現在在學校像是成了一種理所當然的東西，學生會覺得這是老師本來就應該給的，但除了知識，他們更想帶點其他的東西走。」這讓劉老師深刻體會到，現在的學生已經和過去傳統的學生不同了，比起只接收知識，他們更希望能夠實作，然後從課程中帶點什麼回去，這讓劉老師思考起，課程是不是該以學生為中心，進行學生本位學習，讓學生在課堂上除了知識，還能多帶點什麼其他的東西回家。

3. 養成寫字的好習慣

在經過製作「傳統的筆」、了解筆的歷史，以及實際去「車鋼筆」之後，劉老師讓學生開始在課堂上練字，關於堅持讓學生寫字這點，劉老師說道：「我以前在元培已經推行至少超過五年，上我的課一定得帶筆記本，課堂上，我的講義全部都是有漏洞的，必須要自己寫，不然講義依然是空白的，比如說，我印PPT當講義，裡面一定有很多很多的填空，學生上課的時候如果沒有寫字，沒有把空白填上，

講義上就都是漏洞。」劉老師提到，現在的學生太習慣用電腦跟手機，因此很少寫字，但她認為寫字還是有它必要的價值，既然學生沒有習慣寫字，那麼，她開的這門課就來讓學生養成寫字的習慣好了。

4. 無償且用心找尋課堂用具

　　為了讓學生能夠放心的書寫，也希望學生能寫得順暢，劉老師開始找尋什麼樣的紙是最適合鋼筆書寫的。最後找到了doubleA七十磅，為了讓學生沒有心理負擔，劉老師買了許多doubleA七十磅的紙，每一次上課時無償提供紙張。另外，考量到每個學生的程度不同，劉老師將紙分成兩堆，一邊是純粹的空白紙，讓學生發揮創意與想像力，另一邊的紙張上則印上0.5×0.5的方格，讓對寫字較沒把握，或是平時本來就少寫字的學生拿去練習。

　　除了無限量供應紙張，劉老師還無限量供應墨水，劉老師在課前買了許多墨水，告訴學生只要寫完了就過去吸墨，且並不只侷限於課堂上，若是平時自己練字時墨水沒了，也可以隨時到劉老師的辦公司找她吸墨水，劉老師甚至買了幾個不同品牌的墨水，讓學生嘗試哪一品牌的墨水好寫？不同品牌的墨水寫起來又有什麼樣不同的感受？至於寫字的內容，劉老師則是告訴學生，可以在網路上找尋新點子，也找了一個手機App，讓學生能夠透過App在家裡練字。

5. 各有風格的業界講師

　　不只是自己授課，劉老師還另外從校外請來兩位講師，一位是教正統硬筆字的老師黃寶儀老師，另一位則是網路上的網紅老師小黑。兩位老師各有風格，一個教正統鋼筆字，一個以商業導向字體為主。

　　在經過這一次的課程，學生們給予了非常踴躍的回饋，其中最令劉老師印象深刻的，是學生們說：「上完課的感覺只有一個，字還是得要自己練。」大多數學生都意識到，要寫出漂亮的字，就只有「練」這一條路，不練就不會有漂亮的字，對於這點劉老師非常認同，劉老師認為：無論別人教授什麼樣的特殊技法及華麗寫法，想要字寫得漂亮，除了自己練習，不停的練習外，沒有任何人可以幫忙。

6. 創新互動方式

(1) 展出雛型

　　為了讓課程不要那麼枯燥乏味，劉老師又開始思考，是不是要在課堂中做點什麼不同的？她在課堂上詢問學生，接收學生的提議，在期中考週時，在教室展出學生各自的鋼筆，並要求學生寫一篇介紹文，介紹自己的鋼筆，並票選出前十名，由老師送出獎品。

　　這一次的票選活動結束後，有個學生單獨跑去找劉老師，劉老師特別提起這件事情，她說：「他來找我說，他的沒有被選中，可是他又覺得他做得很好，他說因為他人緣不好，也沒有認識那麼多同學，

所以沒有人選他，但是他的東西真的也做得不錯。」因為這個學生的話，劉老師開始思考，確實，一般這樣的上課方式，只是讓學生每一週過去練字，學生們之間的互動很是薄弱，考慮要分組，通識課上分組又不甚方便，最後，劉老師想出了一個特別又有創新的方式。

(2) 設計「認識筆友」的課程內容

想要讓同學們彼此認識，又不希望同學們在認識的過程中彼此感到尷尬，所以劉老師結合了課程中的「練字」，向學生們提議，進行了一個「認識筆友」的活動，關於這部分的規則，劉老師詳細說明道：「首先，我請他們各自取一個筆名，這個筆名不能跟任何人洩漏，即使是最好的朋友也不能，再請他們把筆名交給我，我也不認識他們誰是誰，然後我將全部的筆名打亂，用亂數抽，兩兩一對，從那週後，學生每星期就開始跟自己的筆友通信。他們各自在信裡聊天，我不會去看他們的內容。」而為了不讓學生們發現誰是誰，劉老師更是精心地設計了一個獨一無二的信封，信封外面是每個學生的本名，課堂中，學生們專心練字時，劉老師便躲在講臺後方，將筆名對應上本名，一一把筆友寫的信放入對應本名的信封裡，待下課前再一一唱名，把信交給學生們的「筆友」。

雖然這活動做來工程些許浩大，劉老師時常要去記哪個筆名對應的是哪個名字，但她發現，學生們很樂在其中，即使他們並不知道對方是誰，他們也從未想過要去戳破那層保護，更不曾想過要將自己的

身分告訴對方。

(3) 重燃學習動機

　　這項活動不只是讓學生們能夠透過寫字認識彼此，也提高了學生們的出席率，關於這點，劉老師說：「我只告訴他們，每週的這一堂課，我都會放一個大袋子在前面，你早上八點來，就把信放進去，我會再幫你們處理，下課前會開始發信，所以如果你不來上課，你的筆友就會很可憐，他寫了一封信給你，卻等不到你的回信。」也許是這番話刺激了學生，為了能夠準時收到信，也為了不讓自己的筆友沒能收到回信，學生們便乖乖地前來課堂上早八的課，大大提升了劉老師這堂課的出席率。

　　一直到了學期末，學生仍不希望知道各自的筆友是誰，只希望保留住那層神祕感，劉老師靈機一動，她發下一些較為特殊的紙，請學生在上頭寫能夠公開對筆友說的話，並告知學生，會在校內成果展中展示出來，見證她們彼此曾經有交過筆友一事。而在看了這些紙張上的內容後，劉老師發覺，他們彼此間已經產生了情誼，最初只是希望他們能夠在誰也不認識誰的情況下去多認識一些同學，沒想到他們在一次又一次的通信後，彼此間都產生了好友的情誼，令人看了為之動容。

　　期末時，劉老師還想了另一項特別的活動，她買來好幾箱乖乖，要學生練習拿筆在不平衡的乖乖包裝袋上寫考試祝福給各自的筆友，

再由劉老師將乖乖送給他們各自的筆友本人。對於這項活動，劉老師強調：因為學生一直以來都是用鋼筆寫在紙張上，跟寫在不是那麼平穩的零食包裝袋上的感覺是很不一樣的，手需要有更多的穩定度，她希望透過這個機會讓學生嘗試一下。

7. 奪人目光的期末作品

臨近期末，又接近聖誕節，劉老師靈機一動，又想到了一個頗具創意的小活動，她要求學生畫下自己的兩隻手掌，畫兩次，再將這總共四隻手掌剪下來，分別在上頭寫上給筆友的祝福、給學校的祝福、給斗六市的祝福，以及給大家或自己的祝福，最後大家共同將各自的四個手掌拼湊在一起，做成一株聖誕樹的模樣，小小慶祝聖誕節的同時，也給予彼此、學校、居住的城市及自己的聖誕祝福。

在期末的時候，劉老師更領著學生在學校將作品展出，每位同學有一張桌子來展出他製作的筆及他寫的作品，再請來觀展的學生和老師一起來票選，在當天直接票選出了前十名的學生。

劉老師還提到，她已跟廠商接洽，現在正做排版與校稿，最終會將這些作品做成一本成果冊，成果冊中包含了這門課程的成果、整個課程執行的歷程與成果介紹，還有些學生比較好的作品在裡頭作為扉頁，此外，劉老師在後頭加上了一些筆記紙，有網狀也有空白的，同樣使用上DoubleA七十磅的紙，最終會做成一本一百多頁的成果冊，結合筆記的用途，除了將這些成果冊送給修課的學生，也能夠做為下

一次開課時的練習本，學生到課堂上，劉老師不必再一一給予A4紙練習，可以直接給予學生一人一本，讓他們創作在裡頭，未來展出時就能直接以成果冊的方式展出。

8. 產品商業化──文創行銷

　　提起學生們用心完成的作品，劉老師特別說起期末展示當天票選出來的第一名作品，劉老師說：「剛好他做的是一套書籤，所以那套書籤會出版，現在還在跟廠商談，在考慮要做成紙的版還是要做軟磁鐵的版。」除了將學生製作的書籤出版成作品，劉老師還提到，學生的成果中有一批做得比較好的與寫的較好的字，包含當日票選中前五名的學生的作品，劉老師都希望能夠讓它們變成出版品，像是製作成平片型的USB，在上頭印學生的作品，以及目前正在談的礦泉水瓶，即收縮膜上頭是學生的作品，另外劉老師還打算製作筆，在筆上頭印學生寫的作品，不過劉老師也提到，除了成果冊是當初在計畫裡頭就列出的出版品，書籤也是純粹印刷品的東西之外，其餘的部分都需要再討論。

　　雖然這些事物看似都是劉老師在思考決策，但實際上，這樣每週每週的課上下來，學生們也有了自己的思考，劉老師說：「一開始在設計的時候，會覺得通識的那五個面向很難結合，但真的將它們結合起來，這樣上完課後，又會去思考，它其實都有它的道理在，像是在後來，我與學生討論我們的寫字可以發展成什麼樣的產業？他們自己

就會去思考，像是礦泉水啊、USB啊，也就是我們現在打算去做的這些，這些也確實都是一個產業，礦泉水是一個產業、USB也是一個產業。」因為獲得了這樣的反饋，劉老師認為：將課程與實作、產業、文化社會結合，的確是必須做的事情，這不僅能夠促進學生的學習，也能激發他們更多的想像力。

9. 豐富的課堂回饋

學期初時，學生們大多的回饋都是選不上這堂課，這部分劉老師當初覺得稍微困擾，等到課程開始後，學生們就給了很多的正向回應，無論是劉老師給他們的問卷，還是學校統一做的問卷調查，學生們都表示這堂課很有趣，他們都很願意到教室上課，也從中得到了很多的收穫。

除了這些正向的回饋，劉老師也提到，她曾收到過一些比較特別的回饋，例如透過課堂交到了朋友也練到了字；以及有幾個學生以前字真的滿醜的，但在一學期的課下來後稍微好看了一些，有明顯的進步。當然，劉老師也收穫了一些單一同學的回饋，「有個學生在我們開始練字後就跑來跟我說他不會握筆，他告訴我他小學畢業後就沒再寫過字了，連車鋼筆他也只是把它當成是工藝品，所以他車了之後很高興，可是真的要叫他用那隻筆寫字他非常的困擾，因為他連普通的筆都不太會拿，一般筆比較輕他已經不會拿了，這種木頭車的鋼筆很重他更不會拿。」後來，剛好請了網紅小黑來教學，小黑提到他其實

也不喜歡用鋼筆寫字，最喜歡的是那種秘書型的原子筆，並發給學生一人一支，「那個學生拿到這支筆後，跑來跟我說他覺得這支筆很好寫，而後就開始用這支筆練字，從一開始連一整張都無法寫滿，光寫一排就很吃力的情況，到後來慢慢可以寫得越來越多，雖然沒辦法說在18週的課後馬上就進步很多，可是還是能看出他的些許進步，尤其是每週寫的字數不斷在增加，就是很令人感動的進步。」

劉老師提到，其實像這樣的學生，班上不只他一個，學生們都很努力在練字，在學期末看那些他們每堂課交過來的東西，會發現學生們無論字好看還是不好看、擅長寫字還是不擅長，他們都很努力在完成每一次課堂上要交出來的作業，哪怕是完全沒有想法的學生，也會願意上網去找，將他們覺得好的點、好的介紹一一抄寫下來。

成果展的那天，劉老師表示自己收穫了滿滿的感動，「有個馬來西亞的僑生，他的作品很特別，他先在描圖紙上畫他所感受到的花園城市，比如說馬路旁行道樹上的楓香或者是雲中街，他覺得有美感的地方，他都把它畫在描圖紙上，描圖紙上他用黑色簽字筆去畫，而描圖紙下方的紙他塗上了不同的顏色，用不同的媒材去著色，再把描圖紙用車線車，一頁一頁的，真的好美。」劉老師還提到，在這學期的學期初，這位學生有天到辦公室找劉老師，帶來馬來西亞的小點心，感謝劉老師在這堂課上給予她的滿滿收穫，她非常喜歡這堂課，聽到學生這樣子的正向回饋，劉老師又驚又喜，十分感動。

四 期許中未來課程的新模樣 —— 線上交流教育平臺

提起對這門「我車鋼筆我練字」的相關期許，劉老師說：「若要說對這門課後續還可以做什麼改善，我想在Facebook開寫字樓，我覺得這是我當初漏做的，因為我只是讓他們在課堂上寫，寫完了就收回來，但如果有開一個寫字樓，寫字就不會是一週一次，而是每天都可以有一次，學生可以不斷地寫，然後將作品PO上去。」對劉老師來說，若能再開一次這堂課，她會開啟名為「寫字樓」這樣的一個社團，並讓它對外公開，讓學生把作品PO上去，彼此交流，如此一來學生們能夠擁有更多的展示空間，在練字上也會更願意花費心思，讓自己公開的作品寫得更好、更引人目光。

作品集

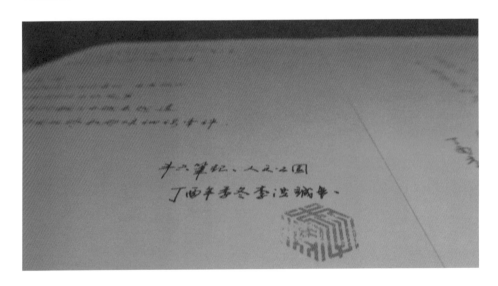

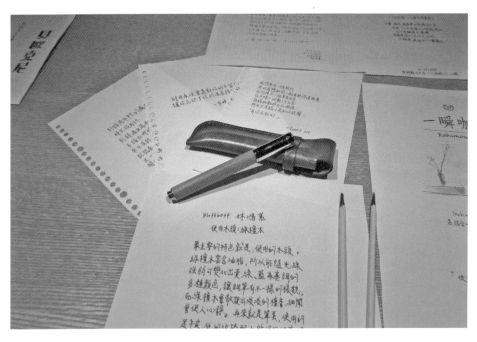

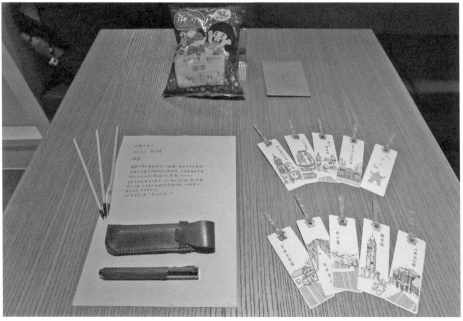

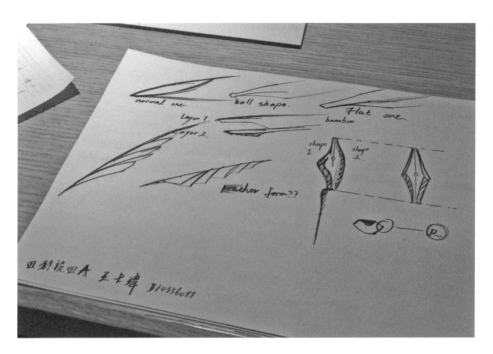

◆ 第三部分

智慧空間改造成果

創意工場　實踐夢想的舞臺

Yunlin University of Science and Technology

壹 | 雲科大夢想創意的樣貌演進

　　雲科以實體、虛擬的整合，作爲「做─學─想」的概念，啓動中部自造者基地，期許帶給區域的自造者與國、高中一個平臺進行跨領域創作，進而達到「做中學」、「學中做」之目的。成立之目的爲推動創新自造教育運動，以大學創新基地爲基礎，向下扎根推廣自造教育，著眼培養產業創新人才；並串聯與開放相關空間，讓自造者有一個可以相互分享與合作之場域。藉由創意教室和教材的學習，跨領域工作坊之推廣活動，原型製作之創意實踐，以及參與國際鏈結，作爲發展推廣社會大眾動手實作之學習基地。

創　意　工　場

Yunlin University of Science and Technology

貳 金工坊

　　進入工場後，可發現場內空間規劃分明，在金工教室主要以金屬加工為主，內部空間規劃區分為：工具展示介紹區、加工工作區、物品儲藏區及加工設備放置使用區，整體規劃在於提供學生金屬加工實作學習，訓練金屬加工技藝與技術，強化工藝的傳承。

創　意　工　場

Yunlin University of Science and Technology

參　玻璃教室

　　教室的規劃提供完整玻璃加工設備，並區分為儲藏區、工作加工區、設備區，整體規劃在於提供學生玻璃加工實作學習，培養玻璃加工技藝、技術及玻璃工藝的傳承。

創　意　工　場

Yunlin University of Science and Technology

肆 陶藝教室

　　為了讓學生能更了解捏陶樂趣，教室的規劃著重於製作與展示的功能，於教室前後設置大型展示櫃，提供收藏陶藝作品，另外也提供較大的工作桌面，並配備充分的製陶工具，給予完整的實作學習教室。

創　意　工　場

Yunlin University of Science and Technology

伍　木工廠

　　實習工廠為了提供學生良好的學習環境，建置了木工實作工廠，給予學生進行木材加工機器的實務操作，工廠內部提供圓鋸機、砂磨機、線鋸機、鑽孔機、帶鋸機及噴砂機等等，充分給予學生自由實作使用，培育學生未來競爭力。

創　意　工　場

Yunlin University of Science and Technology

陸 數位工坊

　　在這個追求創意的年代，
　　給予實踐創意的場所，
　　從空想到實現、從虛無到成形，
　　透過雷射雕刻、3D列印機的交叉運用，
　　給予學生發揮創造的本質。

創　意　工　場

Yunlin University of Science and Technology

柒　DC120教室

　　原本DC120教室為使用10年以上的老舊教室，透過明亮溫和的配色以及戶外光線的引入，配合訂製桌、造型椅及E化講桌，將教室賦予新的生命力，創造舒適的教室環境。

　　改造後不僅活化學生對教室的使用率，還增加校內各系所對教室的借用率以及活動營隊的使用率。

教　室　空　間

Yunlin University of Science and Technology

捌 DC202系圖書室

　　為了讓學生有更舒適的閱讀空間，將原有圖書室進行空間改造，去除不必要的桌椅書櫃，統整所有書籍並訂製大型書櫃，挪出原本的空間，搭配造型沙發座椅及書桌，並賦予資料電腦，給予更舒適的讀書環境。

閱　讀　空　間

Yunlin University of Science and Technology

閱　讀　空　間

ARCHITECTURE AND INTERIOR DESIGH

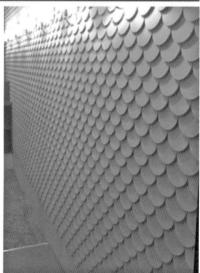

玖 DC327a電腦教室

　　為了讓學生有更舒適的學習空間，將原有電腦教室進行空間改造，重新規劃空間環境，去除不必要的家具，調整桌椅設備，並融入造型屏風，改善教室照明能力，統整所有電腦，賦予更舒適的電腦教學環境。

電　腦　教　室

Yunlin University of Science and Technology

拾　DH105系圖書室

　　為了讓學生有更舒適的閱讀空間，將原有空間進行系圖書室空間改造，將原有書籍進行統整，並訂製大型書櫃收納書籍，配置符合20人同時使用的閱讀桌椅，給予更舒適明亮的讀書環境。

閱　讀　空　間

Yunlin University of Science and Technology

拾壹　DH302教室

　　爲了讓學生有更舒適的交流空間，將原有教室進行空間改造，剔除不必要的桌椅及收納櫃，以少量的桌椅搭配繽紛的和室坐墊，並於牆面設置收納坐墊架，塑造出多功能的活動交流空間。

教 室 空 間

Yunlin University of Science and Technology

拾貳 DS121教室

　　原本DS121教室為電腦教室空間，但因使用率低，為了強化教室教學使用效益，而進行空間改造，一方面為了讓學生有更舒適的交流學習空間，另一方為推廣跨域學習，將教室的桌椅改成活動式的座椅，牆面塗裝黑板漆提供教學書寫使用，以因應未來多元教學及上課模式。

教　室　空　間

拾參　材料銀行

在設計學院，分別有6個系所，對於材料的運用都需要有相當認知，因此，學院特別為此建置一個能認識材料的銀行，提供學生查閱、租借等使用，一方面強化學生對材料的理解，另一方面教導學生材料的使用方式及原則，培養新一代的設計規劃師。

材料銀行空間為ㄇ字型空間，空間規劃以入口管理吧檯、材料儲藏區、材料檢索區等，利用空間特性，分別將材料櫃均等放置於空間內部，靠窗處規劃成材料檢索觀察位置，提供舒適、明亮的學習環境。

材　料　銀　行

Yunlin University of Science and Technology

材　料　銀　行

國家圖書館出版品預行編目資料

大學創新教學這樣做／方國定等作. －－初
版. －－臺北市：五南，2020.05
　　面；　公分
ISBN 978-957-763-995-0（平裝）

1.高等教育　2.教學研究　3.文集

525.307　　　　　　　　　　109005468

1IOP

大學創新教學這樣做

主　　　編 ― 方國定

作　　　者 ― 方國定、李傳房、俞慧芸、林崇熙、胡詠翔
　　　　　　　朱宗賢、李佳蓉

發 行 人 ― 楊榮川

總 經 理 ― 楊士清

總 編 輯 ― 楊秀麗

副總編輯 ― 王俐文

責任編輯 ― 金明芬

封面設計 ― 姚孝慈

出 版 者 ― 五南圖書出版股份有限公司

地　　　址：106臺北市大安區和平東路二段339號4樓

電　　　話：(02)2705-5066　　傳　　真：(02)2706-6100

網　　　址：http://www.wunan.com.tw

電子郵件：wunan@wunan.com.tw

劃撥帳號：01068953

戶　　　名：五南圖書出版股份有限公司

法律顧問　林勝安律師事務所　林勝安律師

出版日期　2020年5月初版一刷

定　　　價　新臺幣400元